GOUVERNEMENT GÉNÉRAL DE L'ALGÉRIE

CONSEIL SUPÉRIEUR
(Session ordinaire de 1907)

PROJET

D'UN

NOUVEL EMPRUNT DE 175 MILLIONS

Voté par les Délégations Financières

ALGER

IMPRIMERIE ADMINISTRATIVE VICTOR HEINTZ

--

1907

GOUVERNEMENT GÉNÉRAL DE L'ALGÉRIE

CONSEIL SUPÉRIEUR

(Session ordinaire de 1907)

PROJET

D'UN

NOUVEL EMPRUNT DE 175 MILLIONS

Voté par les Délégations Financières

ALGER

IMPRIMERIE ADMINISTRATIVE VICTOR HEINTZ

—

1907

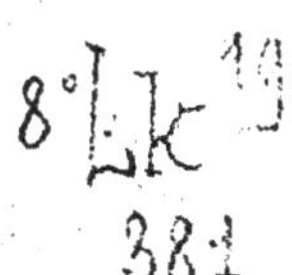

PROJET D'UN NOUVEL EMPRUNT

Les membres du conseil supérieur connaissent déjà, par la brochure qui leur a été distribuée au mois de février dernier en même temps qu'aux délégués financiers, l'économie du projet d'emprunt de 150 millions présenté par le gouvernement général pour répondre à la demande formulée l'an dernier par les assemblées algériennes.

Ils savent aussi que l'assemblée plénière des délégations a donné plus d'extension au projet ; le montant de l'emprunt a été porté de 150 à 175 millions par l'addition au programme tracé par l'administration de quelques lignes de chemin de fer et d'un certain nombre de routes et chemins ; d'autre part, un programme de travaux a été spécialement dressé en vue de l'emploi des excédents budgétaires annuels dont l'Algérie est autorisée à disposer par l'article 13 de la loi du 19 décembre 1900 modifié par l'article 4 de la loi du 23 juillet 1904.

Bien que les délibérations des délégations financières soient aujourd'hui publiées, l'administration a pensé qu'il n'était pas sans intérêt, étant donné l'importance de la question en cause, de faire, pour le conseil supérieur, un résumé rapide des conditions dans lesquelles se présente actuellement le projet d'emprunt et de montrer, une fois de plus, que le gage du capital de 175 millions, qu'il s'agit de demander au crédit, est, d'ores et déjà, parfaitement assuré.

Il importe, tout d'abord, de bien remarquer que le

programme des travaux à exécuter sur les excédents du fonds de réserve est complètement distinct de l'emprunt.

Lorsqu'elles ont examiné le programme proposé par le gouvernement général, les délégations ont été conduites à indiquer que certains travaux qui ne pouvaient trouver place dans ce programme, soit que leur rang d'utilité ne fut pas suffisamment établi soit qu'ils n'eussent point fait l'objet d'études assez précises, paraissaient cependant susceptibles d'être effectués par la colonie lorsque les ressources du budget extraordinaire le permettraient. C'est ainsi qu'elles ont établi la liste ci-dessous des dépenses à imputer ultérieurement sur les excédents du fonds de réserve. Mais, il va de soi que cette liste ne saurait avoir de caractère définitif tant qu'il n'existera pas de disponibilités pour doter les travaux qui y sont portés.

LISTE DES TRAVAUX A ÉTUDIER EN VUE DE LEUR EXÉCUTION AU MOYEN DES EXCÉDENTS DU FONDS DE RÉSERVE

NATURE DES TRAVAUX	MONTANT de la dépense
I. — CHEMINS DE FER	
Ligne d'Alger à Blida (48 kilomètres)	5.000.000
Ligne de Philippeville à Gastu et Guelma (101 kilomètres)	8.800 000
II. — TRAVAUX PUBLICS	13.800.000
1° Routes et chemins	
Travaux de construction ou d'améliorations sur le chemins d'Affreville à Tiaret en vue de son classement dans le réseau des routes nationales	325.000
Construction du chemin de Saint-Arnaud à Fedj-M'zala	550.000
Construction du chemin de Palat à Trézel . .	125.000
2° Travaux hydrauliques	1.000.000
Ouvrages divers n'ayant pu être exécutés sur les fonds d'emprunt	8 972.686
III. — COLONISATION	
Amélioration des anciens centres	3.000.000
Exécution dans le département d'Oran d'ouvrages hydrauliques rudimentaires par le service de la colonisation	3.000.000
IV. — EAUX ET FORÊTS	6.000.000
Protection des terrains en montagne (travaux pour empêcher le déboisement des pentes) .	2.000.000
TOTAL GÉNÉRAL	31.772 686

L'administration s'attachera à étudier, aussi rapidement que le lui permettront les exigences du service, les ouvrages qui ont été ainsi signalés à son attention. C'est au vu des résultats de ces études et des propositions qui en seront la conséquence normale que les délégations financières et le conseil supérieur pourront prendre des résolutions définitives, lorsqu'il sera possible d'opérer des prélèvements sur les excédents du fonds de réserve.

Programme de l'emprunt

Dans son ensemble, le programme des travaux à exécuter au moyen des fonds d'emprunt que les délégations financières ont adopté, diffère de celui qu'avait proposé l'administration dans la mesure que fait ressortir le tableau ci-dessous :

NATURE DES TRAVAUX	MONTANT DE LA DÉPENSE RÉSULTANT		DIFFÉRENCE PAR RAPPORT au programme du gouvernement	
	du programme du gouvernement général	du programme des délégations financières	en plus	en moins
Chemins de fer............................	70.444.200	96.748.200	26.304.000	»
Travaux publics { Routes et chemins............	25.451.860	32.269.860	6.818.000	»
Travaux maritimes...........	16.081.600	16.081.600	»	»
Travaux hydrauliques.......	10.667.240	2.254.554	»	8.412.686
Colonisation	15.000.545	15.000.545	»	»
Forêts	8.000.000	8.000.000	»	»
Assistance publique....................	2.480.241	2.725.241	245.000	»
Postes, télégraphes et téléphones...........	1.920.000	1.920.000	»	»
Totaux............	150.045.686	175.000.000	33.367.000	8.412.686

en plus : 24.954.314

en chiffres ronds : 25 millions

On verra, dans les paragraphes suivants qui contiennent l'exposé du programme détaillé de chacun des services, quelles sont les causes des augmentations et des diminutions apportées par les délégations aux dotations prévues par le gouvernement général.

I.— Chemins de fer

Les travaux de chemins de fer inscrits au programme par les délégations comprennent, comme ceux qu'avait préconisés le gouvernement général, la construction des lignes nouvelles et l'amélioration de certaines des lignes actuellement en exploitation. En voici d'ailleurs l'énumération :

LIGNES NOUVELLES

DÉSIGNATION DES LIGNES	Longueur en kilom.	PRIX d'établissement	OBSERVATIONS
Département d'Alger			Toutes les lignes sont supposées à voie droite (1ᵐ05 d'écartement entre les rails).
Berrouaghia à Boghari. . . .	42	6.000 000(1)	(1) Un million a déjà été affecté à cette ligne sur les fonds du budget ordinaire.
Boghari à Guelt-es-Stel. . . .	92	5.220.000	
Guelt-es-Stel à Djelfa.	64	3.164.200	
Orléansville à Ténès.	58	10.000.000	
Bouïra à Aumale.	48		
Total pour le département d'Alger	304	24.384.200	
Département d'Oran			
Relizane à Prévost-Paradol. .	85	6.770.000	
Mascara à Uzès-le-Duc. . . .	55	3 426.000	
Sidi-bel-Abbès à Tizi	89	4 674.000	
Tlemcen à Beni-Saf.	60	8.504.000	
Total pour le département d'Oran	289	23.374.000	
Département de Constantine			
Constantine à Djidjelli . . .	200	17.000.000	
Aïn-Beïda-Tébessa avec embranchement de la Meskiana à Morsott	138	7.800.000	
Total pour le département de Constantine.	338	24.800.000	
Total pour les lignes nouvelles . .		72.558.200	

Travaux complémentaires

Augmentation du matériel roulant sur le réseau à racheter à la compagnie de l'est-algérien	6.190.000
Renforcement de la voie d'Alger à Constantine après rachat du réseau de la compagnie de l'est-algérien	11.000.000
Transformation de la ligne de Souk-Ahras à Tébessa.	7.000.000
Total des travaux complémentaires.	24.190.000
Report de la dépense des lignes nouvelles	72.558.200
Total pour les chemins de fer. . . .	96.748.200

Les lignes de Berrouaghia à Boghari, de Boghari à Guelt-es-Stel, de Guelt-es-Stel à Djelfa, de Relizane à Prévost-Paradol, de Mascara à Uzès-le-Duc, de Sidi-Abbès-bel à Tizi et de Constantine à Djidjelli, ainsi que tous les travaux complémentaires figuraient au programme de l'administration. La brochure remise aux délégations renferme des notices sommaires (p. 124 à 132) indiquant leur utilité.

Les lignes d'Orléansville à Ténès, de Bouïra à Aumale, de Tlemcen à Beni-Saf et d'Aïn-Beïda à Tébessa avec embranchement de la Meskiana à Morsott, dont la dépense totale d'établissement s'élève à 26,304,000 francs ont été ajoutées par les délégations. Leur construction se justifie par les considérations suivantes :

Ligne de Ténès a Orléansville

Le chemin de fer de Ténès à Orléansville donnera à la vallée moyenne du Chéliff son débouché naturel sur la mer. Les distances d'Orléansville aux ports d'Alger et de Mostaganem sont respectivement de 209 et de 163 kilomètres par les voies ferrées existantes. La voie ferrée qui reliera Orléansville à Ténès n'aura que 58 kilomètres.

Cette ligne a été étudiée comme tramway par la société des chemins de fer sur routes qui en a obtenu la concession par un décret du 19 septembre 1905.

Le tracé part du port de Ténès, remonte la vallée de l'Oued Allalah, traverse en tunnel la ligne de faîte du Dahra et redescend sur Orléansville par la vallée de l'Oued Ouaharane.

En dehors des villes terminus, les localités desservies sont Montenotte, Cavaignac, Anceur Nass, Heumis, 5 Palmiers et Warnier.

La voie ferrée est établie sur la chaussée ou en bordure des chemins existants sur la plus grande partie de son parcours.

Le rayon des courbes s'abaisse jusqu'à 60 mètres ; il n'est pas prévu d'alignements droits entre les courbes de sens contraire. Le maximum des déclivités est fixé à 0,025 par mètre ; le gabarit du matériel roulant est de 2,30 pour la largeur et 3,50 pour la hauteur.

La dépense prévue est de 4,020,000 francs, soit 69,670 francs environ par kilomètre.

Les conditions d'établissement admises pour la ligne par la société des chemins de fer sur routes ne conviennent qu'à un tramway et doivent être profondément modifiées pour un chemin de fer d'intérêt général.

La société concessionnaire a évalué sommairement à 2,100,000 francs la dépense supplémentaire qu'exigerait cette transformation. Le coût de premier établissement serait ainsi porté à 6,120,000 francs.

De son côté, le service du contrôle, après examen du projet d'exécution du tramway et des propositions de la société, s'aidant, en outre, d'un avant-projet de chemin de fer à voie large étudié en 1880, a reconnu la possibilité de porter à 125 mètres le rayon minimum des courbes et d'adopter, en dehors de l'embranchement du port, des déclivités maxima de 0,020. La plate-forme serait d'ailleurs élargie et la superstructure renforcée. Dans ces conditions, la dépense de premier établissement de la ligne paraît devoir ressortir à 6,500,000 francs.

Dans un avant-projet établi en 1900, le service vicinal évaluait les recettes du tramway à 3,362 francs pour le début de l'exploitation. Les frais d'exploitation correspondants étaient estimés à 3,340 francs.

En prenant pour terme de comparaison le chemin de fer de Mostaganem à Tiaret, dans sa partie comprise entre Relizane et Mostaganem, qui présente de grandes analogies avec le chemin de fer de Ténès à Orléansville, le service du contrôle admet, pour cette dernière ligne, une recette probable de 5,240 francs.

Ce chiffre diffère sensiblement de celui du service vicinal. Mais si l'on tient compte de la progression des recettes sur toutes les lignes de chemins de fer de la colonie pendant les 10 dernières années, la différence n'a rien de surprenant. D'ailleurs, l'exploitation comme tramway, malgré des tarifs relativement élevés, semble devoir être moins productive que l'exploitation comme chemin de fer, en raison de la différence de puissance de l'instrument de transport.

Toutefois, en raison de la lenteur des populations à renoncer à leurs habitudes commerciales, il est prudent de prévoir que ces résultats ne seront obtenus que progressivement et que la recette kilométrique, après avoir débuté à 4,500 francs environ, mettra quatre ou cinq ans pour atteindre 5,200 francs.

Les frais d'exploitation correspondants peuvent être évalués à 5,000 francs environ. Il n'y aurait donc d'insuffisance que pendant les trois ou quatre premières années d'exploitation ; le montant annuel de ces insuffisances au début serait de 29,000 francs.

Ligne de Bouïra a Aumale

Cette ligne desservira la plaine des Arib et la région d'Aumale. Elle a été étudiée comme tramway par la société des chemins de fer sur routes d'Algérie, qui en a obtenu la concession par un décret du 10 septembre 1905.

Le tracé emprunte, entre Bouïra et Aïn-Bessem, sur une longueur de 28 kilomètres, l'accotement du chemin de grande communication n° 22 de Berrouaghia à Bouïra ; il entre ensuite en déviation et s'y maintient jusqu'à Aumale.

Lé maximum des déclivités est de 0,025 et le minimum des rayons des courbes de 100 mètres.

Les centres desservis sont, en dehors des deux stations terminales, Aboutville, Bertville, Aïn-Bessem, les Trembles et Guelt ez Zerga.

La longueur du tramway est de 48 kilomètres, la dépense de premier établissement à la charge du concessionnaire est fixée à 2,440,000 francs, non compris les travaux d'infrastructure exécutés en partie par le département.

Ce projet pourra sans doute être maintenu dans ses grandes lignes, mais il sera indispensable de lui faire subir d'importantes modifications en ce qui concerne les terrains à acquérir, la plate-forme, les ouvrages d'art, les déclivités et le rayon des courbes, de manière à répondre aux exigences d'un chemin de fer d'intérêt général. La dépense s'en trouvera nécessairement augmentée.

Toutefois, si l'on considère que la ligne comprendra deux sections d'inégale importance, dont la première celle de Bouïra à Aïn-Bessem, est destinée à être prolongée dans un avenir prochain jusqu'à Berrouaghia, tandis que la seconde, celle d'Aïn-Bessem à Aumale, présente le caractère d'un simple embranchement, il y a lieu d'envisager la possibilité d'adopter pour cette dernière section des conditions d'établissement moins sévères que pour la première et se rapprochant assez de celles du tramway pour permettre d'utiliser en grande partie une déviation déjà construite par le département. Dans ces conditions le prix d'établissement de la ligne paraît pouvoir être évalué à environ 3,500,000 francs. Le prix de revient du kilomètre ressortirait ainsi à 73,000 francs, au lieu de 51,000 francs environ pour le tramway.

Le service vicinal a évalué en 1897 la recette brute kilométrique de la ligne à 2,730 francs et la dépense correspondante à 2,865 francs. La révision des éléments qui ont servi de base à ce calcul a conduit le service du contrôle à un chiffre de recette de 2,300 fr. environ seulement. Les frais d'exploitation ne peuvent guère être inférieurs à 3,000 francs. L'insuffisance d'exploitation sera par suite de 700 francs par kilomètre et de 33,600 francs pour toute la ligne.

Ces résultats s'amélioreront d'ailleurs avec le temps.

D'autre part, il convient d'observer que les voies ferrées existantes bénéficieront du supplément de trafic créé par la ligne nouvelle notamment du service de voyageurs et de messagerie qui s'effectue actuellement par la route nationale d'Alger à Bou-Saâda et qui, par suite de l'abaissement des tarifs, trouvera avantage à emprunter la voie ferrée de Bouïra à Alger.

Dans ces conditions, on peut espérer qu'au bout de quelques années, la charge nette incombant à la colonie du fait de l'exploitation de ce chemin de fer sera compensée par l'accroissement de recette qu'il apportera au réseau existant.

LIGNE DE TLEMCEN A BENI-SAF

Ce chemin de fer a pour objet de relier Tlemcen au port de mer le plus rapproché. La distance entre cette ville et Oran par voie ferrée est de 168 kilomères ; la nouvelle ligne mettra la gare de Tlemcen à 67 kilomètres seulement du port de Beni-Saf.

Le tracé part de la gare de la Compagnie de l'Ouest-Algérien, à Tlemcen, traverse la plaine d'Hennaya et se développe dans la vallée de la Tafna jusqu'au droit de Takembrit ; il franchit ensuite les hauteurs qui séparent cette vallée du petit bassin côtier de l'oued Meddah et vient aboutir au port de Beni-Saf.

Les localités directement desservies par la voie ferrée sont, indépendamment des deux terminus, Bréa, Hennaya, Montagnac, la Plâtrière et Pont de Tazia.

Le chemin de fer de Tlemcen à Beni-Saf a été étudié comme ligne d'intérêt local par la Compagnie de Mokta el Hadid, qui en avait demandé la concession au département d'Oran. La dépense d'établissement, en admettant des déclivités maxima de 0,025 par mètre et des rayons minima de 150 mètres pour les courbes a été fixée par la Compagnie à 8,503,589 francs, soit à 127,000 francs environ par kilomètre. Cette évaluation devrait être majorée pour un chemin de fer d'intérêt général dont le tracé et les installations offrent plus d'exigences ; elle peut néanmoins être maintenue provisoirement, en raison de la compensation que paraissent devoir procurer certaines améliorations de tracé envisagées par les ingénieurs du contrôle.

La compagnie de Mokta-el-Hadid a calculé que la recette kilométrique brute serait de 3,400 francs environ par kilomètre à l'ouverture de la ligne. Elle a évalué, d'autre part, à 3,900 francs environ les frais d'exploitation correspondants. La ligne laisserait donc un déficit annuel kilométrique de 500 francs et total de 33,500 francs.

Par contre, le classement de la ligne Tlemcen à Beni-Saf, dans le réseau d'intérêt général, rendra sans objet la subvention annuelle de 110,014 francs que les assemblées financières algériennes, dans leur session de 1906, avaient alloué en principe à cette ligne par application de l'article 13 de la loi du 11 juin 1880, pour aider le département à la construire à titre d'intérêt local.

Enfin, le chiffre de 3,400 francs de recette kilométrique prévu par la compagnie est un minimum qui ne tardera pas à être dépassé. Le service du contrôle estime même que la ligne fera 4,000 francs, dès le début. Quoi qu'il en soit, on est en droit d'espérer qu'en moins de cinq ans la recette s'élèvera à 4,500 et à 5,000 francs par kilomètre. Dès lors, la ligne pourra tout au moins couvrir ses frais d'exploitation.

LIGNE D'AÏN-BEÏDA A TÉBESSA AVEC EMBRANCHEMENT DE LA MESKIANA A MORSOTT

Le chemin de fer d'Aïn-Beïda à Tébessa est le prolongement de la ligne des Ouled-Rahmoun à Aïn-Beïda. Il reliera cette ligne et celle d'Aïn-Beïda à Khenchela à la ligne de Souk-Ahras à Tébessa, de manière à constituer dans le sud-est du département de Constantine un réseau à voie étroite de 413 kilomètres de développement, homogène, à matériel interchangeable et qu'il sera facile, dans un avenir très prochain de relier au réseau tunisien correspondant pour assurer des communications rapides entre l'Algérie et la Tunisie en cas d'accident survenu à la ligne de Bône à Tunis.

Entre Aïn-Beïda et la Meskiana le tracé a été étudié récemment par le service des ponts et chaussées et peut être considéré comme définitif. La longueur de cette section est de 46 kilomètres. La dépense d'établissement est évaluée à 1,976.000 francs.

Entre la Meskiana et Tébessa le tracé offre plusieurs variantes dont l'étude n'est pas suffisamment avancée pour permettre de déterminer celle qu'il sera le plus avantageux d'adopter. La longueur de cette section sera d'environ 57 kilomètres. Son prix de revient peut être estimé à 3,800 francs.

La distance entre Aïn-Beïda et Tébessa par voie ferrée ressort ainsi à 103 kilomètres et la dépense totale d'établissement à 5,800,000 francs, chiffre rond.

L'embranchement de la Meskiana à Morsott aura une longueur de 35 kilomètres et coûtera 2,000,000 francs environ.

La ligne des Ouled Rahmoun à Aïn Beïda a donné, pendant la période de 1901 à 1905 inclus, une recette kilométrique moyenne de 4,489 francs ; la dépense d'exploitation correspondante a été de 4,610 francs.

Le chemin de fer d'intérêt local d'Aïn Beïda à Khenchela ouvert à l'exploitation en 1905, a produit en 1906 une recette kilométrique de 2,539 francs.

Enfin la ligne de Souk-Ahras à Tébessa, ouverte à l'exploitation en 1888 et dont la recette kilométrique dépasse aujourd'hui 14,000 francs, a donné pendant les premières années, avant la mise en exploitation des gisements de phosphates, des recettes kilométriques annuelles variant entre 2,100 et 3,600 francs.

La région traversée par la ligne d'Aïn-Beïda à Tébessa est pauvre dans son ensemble ; les deux centres les plus importants que la ligne doit desservir possèdent déjà des voies ferrées. Les résultats de l'exploitation seront donc inférieurs à ceux des lignes voisines. L'étude des éléments de trafic qui se trouvent dans la zone d'attraction du chemin de fer a conduit le service du contrôle à admettre comme probables les recettes kilométriques suivantes :

1° Entre Aïn Beïda et la Meskiana, 1,800 à 2,000 francs ;

2° Entre la Meskiana et Morsott, 2,000 à 2,500 francs ;

3° Entre la Meskiana et Tébessa, 1,800 francs.

La recette moyenne générale peut être évaluée à 2,000 francs pour la période de début.

Les frais d'exploitation, même en réduisant à deux par jour, un dans chaque sens, le nombre des trains, sauf à la saison des récoltes, ne peuvent guère être inférieurs à 3,000 francs. Les insuffisances d'exploitation s'élèveront par suite à 1,000 francs par kilomètre, à 138,000 francs pour l'ensemble de la ligne, embranchement compris.

Par contre, la ligne projetée jouera le rôle d'affluent pour le réseau existant : le trafic propre qu'elle créera, en sus de celui que procure déjà à ce réseau la ligne à desservir, se déversera sur la ligne d'Aïn-

Beïda à Constantine et à Philippeville d'une part, sur celle de Morsott à Bône de l'autre et contribuera à améliorer sensiblement leurs recettes ; car si le trafic ainsi créé paraît devoir être faible, il exercera son action sur un parcours moyen relativement considérable.

Dans l'état actuel des études, les divers éléments de la question ne sauraient être chiffrés ; mais on est fondé à admettre que le supplément de recette procuré au réseau existant par la ligne d'Aïn-Beïda à Tébessa représentera à peu près l'équivalent de la moitié du déficit d'exploitation de cette ligne.

La charge nette annuelle, en ce qui concerne l'exploitation, résultant pour la colonie de la construction du chemin de fer dont il s'agit paraît donc devoir se réduire en fait à 70,000 francs environ.

En résumé, les quatre lignes que les délégations financières ont ajoutées au programme primitif comportent une dépense de premier établissement évaluée à 26 millions de francs environ.

Au point de vue de l'exploitation, les résultats qu'il y a lieu d'en attendre pendant la première période de leur ouverture au trafic sont déficitaires ; mais les charges qui en découleront pour la colonie resteront inférieures au produit net que laissent prévoir les lignes comprises dans le programme primitif. Cette conclusion est justifiée par le tableau suivant :

DÉSIGNATION DES LIGNES	Longueur en kilomètres	Recette kilométrique	Dépense kilométrique	Produit net kilométrique	Déficit kilométrique	Produit net total	Déficit total	Observations
1° Lignes comprises dans le programme primitif								
Berrouaghia-Djelfa	198	6.000	6.000	»	»	»	»	
Relizane-Prévost-Paradol	85	4.500	4.000	500	»	42.500	»	
Mascara-Uzès-le-Duc	55	5.400	5.000	400	»	22.000	»	
Sidi-Bel-Abbès-Tizi	82	6.000	5.000	1.000	»	82.000	»	
Constantine-Djidjelli	200	5.000	4.500	500	»	100.000	»	
2° Lignes nouvelles								
Tenès-Orléansville	58	4.500	5.000	»	500	»	29.000	
Bouïra-Aumale	48	2.300	3.000	»	700	»	33.600	
Tlemcen-Beni-Saf	67	3.400	3.900	»	500	»	33.500	
Aïn-Beïda-Tébessa-Morsott	138	2.000	3.000	»	1.000	»	138.000	
Totaux.	931	»	»	»	»	246.500	234.100	
Report du déficit total.						234.100		
Produit net.						12.400		

Il n'a pas été tenu compte dans ces évaluations du supplément ni du détournement du trafic qui seront pour le réseau existant la conséquence de la construction des nouvelles lignes. Comme, de ce côté également, le bénéfice l'emportera certainement sur la perte, on est fondé à conclure que, dans son ensemble, le réseau complémentaire projeté équilibrera ses recettes et ses dépenses d'exploitation et n'occasionnera pour l'Algérie d'autres charges que l'intérêt et l'amortissement du capital de premier établissement des lignes.

II. — Travaux publics

A. — ROUTES ET CHEMINS

Le programme voté par les délégations financières se subdivise comme celui qu'avait proposé le gouvernement général en quatre parties :

1° Achèvement du programme établi en vue de l'emploi des fonds de l'emprunt de 50 millions autorisé par la loi du 7 avril 1902.

2° Construction et amélioration des voies terrestres nécessitées par un nouveau classement de routes nationales.

3° Pavages sur les routes nationales.

4° Construction de nouveaux chemins.

Ce programme est constitué comme il suit :

1° Achèvement du programme établi en vue de l'emploi des fonds de l'emprunt de 50 millions autorisé par la loi du 7 avril 1902.

Département d'Alger	6.091.000
Département d'Oran	3.909.000
Département de Constantine	3.363.800
Total	13.363.800

2° Construction et amélioration des voies terrestres nécessitées par un nouveau classement de routes nationales.

Désignation des routes à classer	Dépenses de construction ou d'amélioration			Dépenses annuelles d'entretien		
	Oran	Alger	Constantine	Oran	Alger	Constantine
Route de la frontière tunisienne à Mostaganem par le littoral.	600.000	710.000	1.418.000	88.000	339.000	481.000
Route de Marnia à Adjeroud par Boudjenane.	455.000	»	»	50.000	»	»
Route d'Arzew à El-Aricha par le Tlélat. Bel-Abbès et Bedeau.	415.000	»	»	170.000	»	»
Route de Tizi-Ouzou à Beni-Mansour par Fort-National . . .	»	364.000	»	»	45.000	»
Route de La Calle à Tébessa par le Tarf et Souk-Ahras. . .	»	»	882.000	»	»	(1)
Totaux. . . .	1.470.000	1.074.000	2.300.000	308.000	384.000	481.000
Totaux généraux.	4.844.000			1.173.000		

(1) Il n'est pas compté de dépenses d'entretien pour la route de La Calle à Tébessa dont le classement serait subordonné à l'acceptation par le département de Constantine du déclassement de la route nationale actuelle n° 10 de Constantine à Tébessa, peu importante. Les dépenses d'entretien de ces deux routes sont jugées équivalentes, soit 110,000 fr. par an pour chacune d'elles.

3° — *Pavages sur les routes nationales*

DÉSIGNATION DES VOIES de communication	EVALUATION des dépenses	OBSERVATIONS
Département d'Alger		
Traverse de la route nationale n° 1, à Boufarik.........................	100.000	(1) L'administration avait proposé de limiter les pavages aux parties de la route les plus fatiguées. Les délégations ont estimé qu'il convenait de paver entièrement la route entre Maison-Carrée et Rouïba. Elles ont, à cet effet, porté à 600,000 f. le crédit de 400,000 f. prévu par le gouvernement général.
Route nationale n° 5, entre Maison-Carrée et Rouïba................... (1)	600.000	
Total pour le département d'Alger..	700.000	
Département d'Oran		
Traverse de la route nationale n° 4, à Oran..............................	100.000	
Traverse de la route nationale n° 7. à Sidi-bel-Abbès .... (2)	188.000	(2) L'administration avait proposé de faire état d'un engagement pris par la commune de Sidi-bel-Abbès de participer pour moitié à la dépense du pavage. Les délégations ont pensé que tous les autres travaux similaires étant payés intégralement par la colonie, il était équitable de ne pas tenir compte du dit engagement.
Travaux ajoutés par les délégations — Traverse de la route nationale n° 7 à Mascara....................	100.000	
Travaux ajoutés par les délégations — Pavage de la route d'Oran à la Sénia.....	200 000	
Travaux ajoutés par les délégations — Pavage de la route nationale n° 7, à Tlemcen..	37.000	
Total pour le département d'Oran...	625.000	
Département de Constantine		
Traverse de la route nationale n° 3, à Batna .... (3)	130.000	(3) L'administration n'avait prévu qu'une dépense de 100,000 francs les délégations financières ont demandé que les pavages soient étendus sur une longueur un peu plus grande et ont porté, à cet effet, la dotation à 130,000 francs.
Traverse de la nouvelle route nationale de la frontière tunisienne à Mostaganem dans la ville de Bône.	180.000	
Travaux ajoutés par les délégations — Traverse de la route nationale n° 3, à Constantine..............	66.000	
Travaux ajoutés par les délégations — Traverse de la route nationale n° 5, à Sétif.	108.000	
Total pour le départ. de Constantine.	484.000	
Total pour l'Algérie........	1.809.000	

4°. — *Programme complémentaire de routes et chemins*

DÉSIGNATION DES VOIES de communication	DÉPENSES	OBSERVATIONS
Département d'Alger		
Chemin de Michelet à Azazga.......	200.000	
Pont sur le chemin de grande communication n° 8 à la traversée de l'Oued Chiffa.................	(1) 135.000	(1) L'Administration avait prévu pour l'exécution de cet ouvrage une dépense de 150,000 fr. les délégations ont estimé qu'il était possible de substituer au projet de l'administration un ouvrage n'occasionnant qu'une dépense de 135,000 francs.
Chemin de grande communication n° 16 du Retour de la chasse à Palestro, traversée de Bouzezga.....	90.000	
Chemin de Guelta à Vialar entre Masséna et Vialar (évaluation totale 2,220,000 fr.), subvention.....	300.000	
Chemin de grande communication de Molière à Boghar section de Khérba à Boghar..............	40.000	
Chemin d'intérêt commun n° 37 de Bou-Guezoul à Chellala..........	372.000	
Chemin vicinal ordinaire n° 2 de Tizi-Ouzou à Boghni-Pont sur l'Oued Fali...................	35.000	
Chemin de grande communication n° 3 d'Adélia à Renault (évaluation totale 1,440,000 fr.) subvention....	200.000	
Chemin d'Alger à Maison-Carrée par le bord de la mer................	500.000	
Chemin du Boulevard Bon-Accueil à El-Biar.............	300.000	
Chemin d'Azazga à Akbou....	350.000	
Chemin de Dra-el-Mizan à Michelet........	200.000	
Chemin de Bou-Medfa à Médéa	200.000	
Chemin de Courbet à Dellys..	200.000	
Chemin de Dellys à Port-Gueydon................	300.000	
Chemin n° 27 d'Aumale à Bouïra................	160.000	
Chemin de Masséna à la limite du département d'Oran.....	150.000	
Pont sur l'Oued-Djer.........	25.000	
Total pour le département d'Alger.	3.757.000	

Travaux ajoutés par les Délégations : Chemin du Boulevard Bon-Accueil à El-Biar ; Chemin d'Azazga à Akbou ; Chemin de Dra-el-Mizan à Michelet ; Chemin de Bou-Medfa à Médéa ; Chemin de Courbet à Dellys ; Chemin de Dellys à Port-Gueydon ; Chemin n° 27 d'Aumale à Bouïra ; Chemin de Masséna à la limite du département d'Oran ; Pont sur l'Oued-Djer.

4° — *Programme complémentaire de routes et chemins (Suite)*

Désignation des voies de communication	Dépenses	Observations
Département d'Oran		
Chemin de Frenda à Prévost-Paradol par Medroussa.	300.000	
Chemin d'Aïn-Témouchent à Hammam-bou-Hadjar par les Berkèche.	200.000	
Chemin de Marnia à El-Aricha par Sidi-Djilali, terrassements et ouvrages d'art	500.000	
Création d'une voie d'accès du port à la gare d'Oran.	650.000	
Chemin de grande communication n° 8 de Renault à Tiaret par Ammi-Moussa (évaluation totale 800,000 francs) Subvention	200.000	
Chemin de l'Oued-Taria à Tagremaret (évaluation totale 650,000 fr.) Subvention.	150.000	
Chemin de Frenda à El-Ousseukh (chemin vicinal ordinaire n° 1 de la commune mixte du Djebel-Nador)	350.000	Travaux ajoutés par les délégations
Chemin des Lauriers-roses à Aïn-Guendoul	50.000	
Chemin de grande communication n° 4 (partie comprise entre Bedeau et Bossuet)	270.000	
Chemin de Chanzy à Mercier-Lacombe	533.000	
Chemin de Frenda à Martimprey par Djilali-ben-Amar.	100.000	
Chemin de Thiersville à Aïn-Sultan	420.000	
Chemin d'Aïn-Fekan à Ouizert.	100.000	
Total pour le département d'Oran.	3.823.000	

4°. — *Programme complémentaire de routes et chemins (suite)*

DÉSIGNATION DES VOIES de communication	DÉPENSES	OBSERVATIONS
Département de Constantine		
Chemin de grande communication n° 15 de Sétif à Bougie par les caravansérails.....	1,000.000	
Chemin d'Aïn-Tagrout à Lafayette..	290.000	
Chemin d'intérêt commun n° 33 de Constantine à Aïn-Abid..........	55.000	
Chemin de Barika à N'Gaous.......	195.000	
Chemin de Youks à Chéria (évaluation totale 317,000 francs) subvention...	45.000	
Pont sur la Seybouse au Nador (évaluation totale 109,500 francs) Subvention...............	90.000	
Pont sur la Soumam.	158.000	
Chemin n° 11 de Sétif à Mac-Mahon..................	(1) 550.000	(1) Les délégations ont supprimé du programme de l'administration, le chemin de Saint-Arnaud à Fedj-M'Zala par Djemila (550,000 francs) pour le remplacer par celui de Sétif à Mac-Mahon. Mais elles ont inscrit la route de Saint-Arnaud à Fedj-M'Zala sur la liste des travaux à exécuter au moyen des excédents futurs du fonds de réserve.
Chemin n° 34 d'Oued-Athménia à Rouffach	310.000	
Chemin de Bône à Herbillon.	300.000	
Chemin de Philippeville au Filfila.......................	500.000	
Pont sur l'oued Kebir (Chemin rural n° 8, du lac des oiseaux à l'oued Kebir commune mixte des Beni-Sallah)....	40.000	
Chemin n° 32 de Batna à Biskra.	440.000	
Voies d'accès au port de Bône.	»	
Chemin n° 25, de Tamentout à Fedj-M'Zala	480.000	
Chemin d'Aïn-Yagout à Chemora...................	20.000	
Chemin de grande communication n° 2, de Constantine à Djidjelli...............	200.000	
Total pour le dépar' de Constantine.	4.673.000	
Report du département d'Oran.. .	3.823.000	
Report du département d'Alger.....	3.757.000	
Total du programme complémentaire des routes et chemins...........	12.253 000	

Les lignes « Chemin n° 11 » à « Chemin de grande communication n° 2 » sont accolées, à gauche, de l'accolade **Travaux ajoutés par les délégations**.

RÉCAPITULATION

Achèvement du programme établi en vue de l'emploi des fonds de l'emprunt de 1902...	13.363.860
Travaux de construction et d'amélioration nécessités par un nouveau classement des routes nationales.. ,...............	4.844.000
Pavages sur les routes nationales.........	1.809.000
Programme complémentaire des routes et chemins.........................	12.253.000
Total du programme des routes et chemins.	32.269.860

Le gouvernement général n'a rien à ajouter aux considérations qu'il a exposées dans la brochure remise aux délégations pour justifier le programme des routes et chemins proposé par lui (p. 159 à 164 et 179 à 189). Les travaux modifiés ou ajoutés par les délégations et acceptés par l'administration se présentent dans les conditions suivantes :

Pavages sur les routes nationales

Aux projets compris par l'administration dans cette catégorie de travaux de son programme d'utilisation des fonds d'emprunt les délégations financières ont ajouté les suivants :

Département d'Oran

Route nationale n° 6. — Entre Oran et la Sénia, 200,000 fr.

Route nationale n° 7. — Traverse de Mascara, 100,000 fr.

Route nationale n° 7. — Traverse de Tlemcen, 37,000 fr.

Département de Constantine

Route nationale n° 3. — Traverse de Constantine, 66,000 fr.

Route nationale n° 5. — Traverse de Sétif, 108,000 fr.

Elles ont, en outre, admis :

1°. — Que la dotation prévue pour le pavage de la traverse de la route nationale n° 7 à Sidi-Bel-Abbès serait portée de la moitié à la totalité de la dépense prévue, soit de 94,000 à 188,000 fr. ;

2°. — Que la dotation prévue pour le pavage de la route nationale n° 5, dans les parties les plus fatiguées entre Maison-Carrée et Rouïba, serait élevée de 400,000 à 700,000 fr. ;

3°. — Que la dotation prévue pour le payage de la route nationale n° 3 dans la traverse de Batna serait portée de 100,000 à 130,000 francs, chiffre total de la dépense.

Les modifications apportées aux subventions allouées aux projets relatifs aux traverses de Sidi-Bel-Abbès et de Batna ont eu pour objet d'assurer à ces communes l'uniformité de traitement par rapport aux autres localités où l'intégralité de la dépense du payage des traverses était prise en charge par le budget colonial l'administration, dans ses propositions, n'avait pas cru pouvoir se dispenser de tenir compte de certaines offres de concours faites par les municipalités).

L'augmentation du crédit affecté à la route nationale n° 5 entre Maison-Carrée et Rouïba et les 5 autres allocations énumérées ci-dessus se rapportent à des travaux nouveaux en extension du programme primitif.

Il y a lieu de remarquer que le payage complémentaire de la route nationale n° 5 entre Maison-Carrée et Rouïba et ceux des traverses de Constantine et de Sétif figuraient déjà parmi les travaux de cette nature demandés par les populations intéressées. L'administration les considérait comme parfaitement justifiés et le seul motif qui les avait fait provisoirement ajourner était l'insuffisance des ressources limitées par le montant total maximun qui avait été assigné à l'emprunt (voir pages 164 à 167 de la brochure relative au projet d'un nouvel emprunt).

La route nationale n° 6 entre les portes d'Oran et la sortie du village de la Sénia offre une très grande analogie avec la section de la route nationale n° 5 entre Maison-Carrée et Rouïba. La circulation journalière y atteignait au dernier recensement de 1903 le chiffre considérable de 3,100 colliers. Il est devenu indispensable d'en entreprendre et poursuivre méthodiquement le payage et si le projet n'en avait pas été retenu dans les propositions de l'administration le seul motif en est que, par suite d'une erreur de direction, le dossier était parvenu tardivement dans les bureaux du gouvernement général La dépense totale prévue est de 570,000 fr. ; la dotation de 200,000 fr. prévue par les délégations financières n'est donc que partielle.

Le pavage des traverses de la route nationale n° 7 à Mascara et à Tlemcen n'entraînera que des dépenses relativement restreintes. C'est une opération plus particulièrement justifiée au point de vue de la salubrité et de l'hygiène qu'au point de vue du roulage, dont l'intensité ne justifie pas l'exécution de pavages dans ces traverses.

D'une manière générale, il convient de rappeler que tous ces pavages constituent plutôt en réalité une simple avance de fonds qu'une dépense réelle. En effet, lorsque l'intensité de la circulation dépasse une valeur déterminée, l'entretien des chaussées empierrées devient si onéreux que l'économie à réaliser sur cet entretien du fait de la substitution du pavage à l'empierrement devient supérieur ou au moins égale à l'intérêt et à l'amortissement du capital à engager dans les travaux de pavage. A partir de ce moment, la substitution d'une chaussé pavée à la chaussée empierrée s'impose au point de vue rationnel et le manque des capitaux considérables nécessaires pour la réaliser est la seule raison qui puisse empêcher une administration avisée de l'accomplir.

Programme complémentaire. — Routes et chemins

Département d'Alger

CHEMIN D'INTÉRÊT COMMUN N° 8. — CONSTRUCTION D'UN PONT SUR L'OUED-CHIFFA

Le chemin d'intérêt commun n° 8, de Bérard à Blida, est entièrement construit, sauf aux abords et au passage de l'Oued-Chiffa, que l'on traverse à gué, ce qui ne se fait pas toujours sans danger ; aussi, durant l'hiver, les communications entre les deux rives sont-elles difficiles et parfois impossibles.

Les communes intéressées, Oued el-Alleug, Attaba, Bérard et Blida, ont plusieurs fois demandé qu'il soit remédié à cette situation et ont offert de participer à la dépense.

Cet ouvrage a été ajouté au programme en remplacement du pont projeté, à peu de distance, sur la même rivière, au passage du chemin de grande communication n° 11, qui n'a pas le même degré d'urgence.

La dépense est évaluée à 135,000 francs et devra être entièrement supportée par la colonie.

Chemin du Boulevard Bon-Accueil a El-Biar

Le prolongement du boulevard Bon-Accueil jusqu'à El-Biar est demandé depuis nombre d'années par les communes intéressées et par le conseil général.

L'ouverture de ce prolongement faciliterait les communications entre la région centrale du Sahel et l'arrière-port de l'Agha, assurerait aux habitants des nouveaux quartiers en création sur les côteaux ds Mustapha, des communications directes et faciles avec la ville d'Alger, dégagerait le gros charroi qui s'opère actuellement par les tournants Rovigo, cause d'encombrement et de danger pour la circulation publique.

La dépense est évaluée à 300,000 francs, dont 216,000 francs pour acquisition de terrains ; elle est inscrite au programme pour la totalité.

Les communes intéressées devront ou prendre l'engagement d'entretenir ce chemin, ou demander au conseil général le classement de cette route dans le réseau des chemins d'intérêt commun, afin que l'entretien en soit assuré.

Chemin d'Azazga a Akbou. — Partie comprise entre Azazga et le col de Tizi N'chéria

Ce chemin, complètement terminé dans le département de Constantine, s'arrête net à la limite du département ; cette situation anormale rend à peu près inutilisable la partie construite.

Or, l'importance de cette voie de communication au point de vue stratégique est aussi évidente que celle du chemin de Fort-National à Béni-Mansour ; elle présente même sur ce dernier l'avantage d'être praticable en hiver, le col de Tizi N'chéria (1,284 m.) étant presque toujours libre de neige, alors que l'amoncellement des neiges au col de Tirourda (1,776^m) rend les communications impossibles pendant plusieurs mois entre Fort-National et Beni-Mansour.

Au point de vue économique le chemin d'Azazga au col de Tizi N'chéria assurerait le ravitaillement d'une population de 50,000 âmes pendant la mauvaise saison et l'écoulement des produits de la région dont une partie se perd sur place.

La dépense de construction est évaluée à 540,000 francs. Avec les 350,000 francs inscrits au programme on pourrait ouvrir le chemin en terrassements et ouvrages d'art. Les communes intéressées se sont engagées à faire la chaussée avec leurs contingents.

Chemin de Dra-el-Mizan a Michelet.

Le chemin pénétrera en plein cœur de la kabylie du Djurdjura en longeant le pied de cette chaîne à l'origine des contreforts qui s'en détachent sur son versant nord. Il facilitera la pénétration d'une région très populeuse, privée de voies de communication. Au point de vue stratégique, il permettra le transport rapide des troupes sur les crêtes du versant nord du Djurdjura.

Cette voie, actuellement à l'état de piste muletière

sur la plus grande partie de son parcours, est fréquentée par de nombreuses caravanes venant du sud et qui approvisionnent en céréales les populations kabyles. Ce commerce et celui des produits de la région, olives, huiles, figues, etc... s'exerceront dans des conditions économiques bien meilleures lorsque cette voie de communications sera ouverte.

La dépense de construction est évaluée à 515,000 francs ; les 200,000 francs prévus au programme constituent une subvention au moyen de laquelle on pourra exécuter la presque totalité des ouvrages d'art. Les terrassements et l'empierrement seraient exécutés par voie de prestations.

Chemin d'intérêt commun n° 7 de Bou-Medfa a Médéa

Le chemin d'intérêt commun n° 7 a une longueur de 43 kil. 200 ; il est à l'état d'entretien à ses deux extrémités sur 9 kil. 100, ouvert en terrassements sur 1 kil. et en lacune dans sa partie médiane sur 33 kil. 100.

La dépense pour l'achever est évaluée à 570,000 francs. Les 200,000 francs inscrits au programme constitueraient une subvention à l'aide de laquelle le département pourra exécuter toute la première partie de ce chemin comprise entre la gare de Bou-Medfa et la crête du Gontas, la seule dont l'utilité immédiate soit évidente.

Cette section, en effet, dessert une région montagneuse où des fermes importantes se sont créées et dont les produits s'écoulent difficilement vers la voie ferrée.

Chemin de Courbet a Dellys par le littoral

Ce chemin fait partie de la voie littorale qui pourra s'étendre un jour d'Alger à Bougie; il relie entre eux les chemins d'intérêt commun n°ˢ 20 et 26.

Comme voie côtière, cette artère présentera un

caractère stratégique bien marqué ; elle permettra en outre de mettre en valeur les terrains de culture situés entre Courbet et l'oued Isser, dans les Isser-Ouidane, actuellement d'un accès difficile. Elle mettra en communication directe par les chemins qui la prolongent au delà de Dellys, tous les villages existant sur la côte depuis Maison-Carrée jusqu'à Bougie.

La dépense totale à envisager sera très élevée ; elle doit atteindre 1,455,000 francs. Les ponts sur l'Isser et le Sébaou entrent dans cette évaluation pour 780,000 francs et l'empierrement pour plus de 190,000 francs.

La somme de 200,000 francs inscrite au programme de l'emprunt constituera une subvention qui permettra au département d'ouvrir les sections dont l'utilité est la plus marquée.

Chemin d'intérêt commun n° 26 de Dellys a Port-Gueydon

Le chemin d'intérêt commun n° 26 a une longueur de 55 kil, 8 ; il est à l'état d'entretien à ses deux extrémités sur une longueur totale de 35 kil ; la partie médiane est ou en lacune ou ouverte en terrassements. Son achèvemement entraînera une dépense évaluée à 560,000 francs, en y comprenant deux déviations de la partie à l'état d'entretien, l'une au Rocher des Pigeons, l'autre au passage de l'Oued Hattache.

Les 300.000 francs portés au programme seraient suffisants pour ouvrir le tronçon médian de 20 kil. 8 de longueur, en terrassements et ouvrages d'art ; le département devra prendre à sa charge l'empierrement et les deux déviations sus-visées.

Le chemin de Dellys à Port-Gueydon présente un caractère stratégique incontestable. Au point de vue économique, il met le centre de Tigzirt en relations avec Dellys et Port-Gueydon et dessert les importants massifs forestiers de la Mizrana qui dépendent du domaine de l'Etat.

Chemin d'intérêt commun, n° 27 de Bouïra a Aumale

Le chemin traverse une région fertile en partie colonisée; un centre est projeté sur son parcours. Une fois achevé il offrira un raccourci de 7 k^m. sur le trajet d'Aumale à Bouïra par Aïn-Bessem et facilitera l'accès des sources thermales de Hammam Ksenna déjà très fréquentées par les populations européennes et indigènes.

La partie médiane du chemin, sur une longueur de 19 k. 2. est à l'état de piste ou ouverte en terrassements seulement. Son achèvement est évalué à 160,000 fr. non compris, une déviation à faire à l'origine du chemin laquelle peut-être laissée à la charge du département. Le crédit inscrit au programme est donc suffisant.

Chemin d'Orléansville a Ammi-Moussa par Masséna

Le chemin est entièrement construit entre Ammi-Moussa et la limite du département d'Oran ; il est en lacune sur 27 kilomètres dans le département d'Alger. Son achèvement complet coûterait 520,000 francs.

Les 150,000 francs portés au programme sont destinés à poursuivre l'achèvement de la partie comprise entre Masséna et la limite du département, la seule envisagée aux délégations.

Le chemin desservirait, en outre, une région fertile où la colonisation a peu pénétré jusqu'à présent, faute de moyens de communication.

Construction d'un pont sur l'Oued-Djer
(plaine de la Mitidja)

Les propriétés situées dans la vallée de l'Oued Djer en amont de la route nationale n° 4 sont desservies par un chemin vicinal prolongé par un chemin non classé qui aboutit à la route nationale n° 4 près d'El-Affroun. Le chemin non classé franchit l'oued à gué ; c'est à l'emplacement de ce gué que le pont doit être construit afin d'assurer en toute saison des communications faciles avec la gare du chemin de fer.

La dépense est évaluée à 35,000 francs. Le projet voté n'en prévoit que 25,000 ; mais la différence pourra être facilement prélevée sur l'ensemble des crédits.

Département d'Oran

Chemin de Frendah a El-Ousseukh

Cette voie est formée des chemins vicinaux ordinaires n° 3 de la commune de Frenda et n° 1 de la commune du Djebel Nador; le premier est à l'état d'entretien et le second à l'état de piste entretenue de façon à assurer la circulation.

Le chemin de Frendah à El-Ousseukh dessert une région fertile, riche en terres de culture et en sources, mais en partie improductive, faute de moyens de communication.

La dépense de construction peut être évaluée à 320,000 francs, y compris l'empierrement à 3 mètres de largeur. Le crédit voté de 350,000 francs paraît donc largement suffisant.

Chemin des Lauriers-Roses a Aïn-Guendoul

Le chemin de la gare des Lauriers-Roses à Aïn-Guendoul aura une longueur de 10 kilomètres. Il commencera au kilomètre 0,50) du chemin vicinal ordinaire n° 4, utilisera le passage à niveau existant et aboutira au chemin de grande communication n° 25 sur le plateau d'Aïn-Guendoul près de la ferme Vernier.

L'utilité de ce chemin est incontestable au point de vue de la colonisation, attendu qu'il desservira toute une région très fertile, mise en valeur par l'initiative privée. Il permettra aux nombreuses fermes situées sur son parcours d'écouler les produits agricoles sur la gare des Lauriers-Roses. Actuellement les transports sont très onéreux car ils s'effectuent par des pistes à fortes déclivités coupées par des ravins dont le passage est dangereux.

La dépense de construction est évaluée à 100,000 francs. Avec les 50,000 francs prévus au programme on pourra faire les terrassements et les ouvrages d'art.

CHEMIN DE GRANDE COMMUNICATION N° 4. — ACHÈVEMENT ENTRE BEDEAU ET BOSSUET

Le chemin de grande communication n° 4, entre Bedeau et Bossuet, a une longueur de 28 kilomètres; il est ouvert en terrassements et ouvrages d'art sur environ 1.300ᵐ, et à l'état de piste carrossable sur le reste de sa longueur. Il traverse les fertiles vallées de l'Aïn-Tadjera et de Bahri où des fermes importantes ont été créées, dessert la vallée de l'Oued-Tamelloca et des peuplements forestiers importants. Il est actuellement très fréquenté et son achèvement contribuerait au développement rapide des relations commerciales entre Bedeau et Bossuet et permettrait d'exploiter les forêts. Au point de vue stratégique, son importance n'est pas moindre; il est, en effet, suivi par les convois militaires se dirigeant vers les postes avancés d'El-Aricha et de Berguent.

La dépense de construction peut être évaluée à 250 ou 270,000 francs y compris une chaussée empierrée de 3 mètres de largeur. Le crédit voté suffirait donc pour la couvrir entièrement.

CHEMIN DE CHANZY A MERCIER-LACOMBE

Ce chemin a une longueur de 59 kil. 300 ; il est à l'état de piste ou en lacune sur presque toute sa longueur. De Chanzy il se dirige vers Ténira par le massif montagneux et la forêt d'El-Eugab, suit la vallée de l'Oued Ténira jusqu'à M'cid et arrive à Mercier-Lacombe après avoir gravi quelques mamelons. Il traverse une contrée riche en terres excellentes, en eau et en produits forestiers ; de nombreuses et importantes fermes ont déjà été créées sur son parcours partout où il a été possible d'effectuer des transports ; la colonisation se développera certainement après l'achèvement du chemin.

La somme de 533,000 francs prévue au programme sera suffisante pour construire tout le chemin, y compris la chaussée à 3 mètres de largeur.

CHEMIN METTANT FRENDAH ET MARTIMPREY
EN COMMUNICATION AVEC LA GARE DE DJILALI BÉN AMAR

Après l'achèvement du chemin de Frendah à Prévost-Paradol par Médroussa, compris au programme, Frendah sera relié au chemin de fer par la voie la plus courte ; il est donc inutile de chercher encore à relier ce centre à Djilali ben Amar.

Le chemin sus-visé mettra également Martimprey en relations avec la voie ferrée et la construction d'un chemin direct sur Djilali ben Amar n'est pas justifiée. Ce chemin, en effet, aurait au moins 55 kilomètres de longueur et coûterait 600,000 francs. Or, la distance qui sépare Martimprey de Prévost-Paradol est de 69 kilomètres seulement. Pour un raccourci de 14 kilomètres au maximum le chiffre de la dépense est beaucoup trop élevé, d'autant plus que la région qui serait traversée par la voie demandée est peu colonisée et qu'elle ne peut guère l'être davantage à cause de la mauvaise qualité des terrains.

Le service vicinal a étudié une variante qui aurait son origine au kilom. 96 du chemin de grande communication n° 3 (à 5 kilomètres à l'est de Martimprey) et aboutirait au kilom. 11 du chemin de Frendah à Prévost-Paradol. L'établissement de cette voie coûterait 150,000 francs. La distance de Martimprey à la gare de Prévost-Paradol serait réduite à 59 kilomètres soit une diminution de parcours de 10 kilomètres sur le trajet par Frendah.

On pourra utilement consacrer à cette variante la somme de 100,000 francs votée par les délégations financières.

CHEMIN DE THIERSVILLE A AÏN-SULTANE PAR BÉNIANE

Le chemin aura une longueur de 44 kilomètres environ. Il commencera à la gare de Thiersville, se dirigera vers le marabout de Sidi-Ali-ben-Omar, suivra la vallée de l'Oued-Beïda pour atteindre le col du Djebel-Malhala et de là descendre dans la vallée de Béniane. Il traversera ensuite l'Oued-Taria, suivra la vallée de l'Oued-Hanna pour aboutir au plateau de l'Aïn-Sultane et se raccorder enfin au chemin de grande communication n° 48.

Il desservira la magnifique plaine de Thiersville, le plateau de Béniane et le centre projeté d'Aïn-Sultane. L'initiative privée a déjà créé de nombreuses et importantes exploitations dans cette contrée et ne demande que des facilités de relations pour étendre son action colonisatrice plus avant.

La dépense de construction ne paraît pas devoir dépasser 400,000 francs pour une largeur de plate-forme de 6 mètres et un empierrement de 3 mètres. Le crédit voté sera donc largement suffisant.

CHEMIN D'AÏN FEKAN A OUIZERT

La construction du chemin d'Aïn Fekan à Ouizert a été ajoutée au programme, pour une somme de

100,000 francs par la commission de l'emprunt sur la proposition de M. Maréchal, appuyée par M. Robert, (voir page 37 de la brochure « Commission de l'emprunt.)

Ce chemin, d'une longueur de 14 kilomètres, est situé sur les territoires des communes de Mascara et de Saïda ; il est actuellement à l'état de piste, prend son origine sur le chemin de grande communication n° 15 à 1 k. du village d'Aïn-Fekan et se termine, après avoir traversé l'Oued-Sahouat, sur le chemin vicinal ordinaire n° 4 près de Ouizert. Il est classé dans la petite vicinalité de la commune de Mascara sur 7 k^m, 800 et ne fait partie d'aucun réseau sur le territoire de Saïda.

La somme portée au programme permettrait d'ouvrir le chemin en terrassements et ouvrages d'art.

M. l'agent-voyer en chef donne un avis favorable à l'ouverture du chemin mais sous la réserve expresse que son entretien n'incombera pas au département.

Or les délégations financières ont posé à nouveau et formellement le principe qu'il ne serait construit de chemins sur les fonds de l'emprunt que ceux dont les départements ou les communes auront déclaré assumer les charges d'entretien (voir page 192 de la brochure « Commission de l'emprunt »). Il faudra donc à cet égard un engagement formel des communes intéressées à défaut de celui du département.

Département de Constantine

CHEMIN DE GRANDE COMMUNICATION N° 11, DE SÉTIF A MAC-MAHON

Ce chemin est à l'état d'entretien entre Sétif et le kil. 50 d'une part, et entre Barika et Mac-Mahon d'autre part. Entre le point 56 kil. et Barika, sur une longueur de 71 kil., il est en lacune. Son achèvement coûterait 1,200,000 francs. Les 550,000 francs inscrits au programme par les délégations financières sont destinés à prolonger la partie au nord du chemin jusqu'à l'entrée de la plaine du Hodna, à travers les gorges de la Soubella.

Le reste de ce chemin, jusqu'à Barika, pourra être exécuté par les prestations et les ressources ordinaires du département.

Au point de vue des relations générales de Barika avec Sétif, il est à remarquer, en effet, que ces deux centres sont reliés entre eux par une voie plus courte, passant par N'gaouss et Ampère, et dont l'achèvement est compris au programme (chemin de Barika à N'gaouss, 195,000 francs).

Chemin d'intérêt commun nº 34 d'Oued-Athménia a Rouffach

Ce chemin est à l'état d'entretien sur une longueur de 1 kil. 747, à la sortie du village d'Oued-Athménia et à l'état de piste ou en lacune sur le reste de son parcours, soit sur une longueur de 26 kil. environ.

La dépense de construction est évaluée à 310,000 francs.

Le chemin d'Oued-Athménia à Rouffach ne relie que ces deux centres ; il n'a donc pas un caractère d'intérêt général bien marqué et c'est cette considération qui l'avait fait écarter jusqu'à ce jour des programmes des voies de communication. à construire par la colonie.

Toutefois, il traverse une contrée importante par la densité de sa population, ses produits agricoles et l'extension possible de ses exploitations minières.

Chemin de grande communication n° 16 de Bône a Herbillon

Actuellement, le chemin des crêtes est à l'état d'entretien normal entre Bône et l'Edough d'une part, Herbillon et l'embranchement du chemin d'intérêt commun n° 7 d'autre part, soit sur une longueur de 25 k. 600 ; il est ouvert en terrassements et ouvrages d'art sur 17 k. 400 entre le chemin d'intérêt commun n° 7 et Aïn-Barbar et à l'état de piste sur une longueur de 21 k. 500.

L'achèvement de cette voie est évalué à 530,000 fr. en y comprenant la chaussée. Avec les 300,000 francs prévus au programme on pourra faire les terrassements et les ouvrages d'art.

Le chemin assurera les relations entre Bône, Bugeaud, l'Edough, Aïn-Barbar et Herbillon ; il mettra également ces centres en relation avec Oued-El-Ainai par le chemin vicinal ordre n° 2. Il contribuera à la prospérité du centre minier d'Aïn-Barbar et facilitera la mise en valeur des richesses forestières et minières que renferme le massif de l'Edough. Enfin, au point de vue stratégique, il rendra de réels services.

Chemin de Philippeville au Filfila

Ce chemin serait construit en bordure de la mer ; il aurait son origine aux terre-pleins du port de Philippeville et se terminerait au pont du chemin de grande communication n° 12 sur l'Oued Rira. Il n'aurait qu'une longueur de 14 kilomètres mais à cause des falaises abruptes qui existent entre Philippeville et le Saf-Saf et aussi à cause de la construction d'un pont important sur ce cours d'eau, son ouverture ne coûtera pas moins de 500,000 francs, somme portée au programme.

Le chemin est appelé à desservir le futur centre de colonisation de « Jeanne d'Arc ». Il permettra l'exploitation des chênes-lièges, marbres et gisements miniers qui abondent dans le massif du Filfila. Enfin, il faciliterait, le cas échéant, l'établissement d'une voie ferrée pour le transport des minerais au port d'embarquement; il suffirait, en effet, d'un petit élargissement du chemin pour obtenir l'emplacement nécessaire au chemin de fer.

Pont sur l'oued-Kébir (chemin rural n° 8 de la gare du lac des Oiseaux a l'oued-Kébir)

L'emplacement du pont projeté est situé à 15 kilomètres environ du bac sur la Maffrague. La construction de cet ouvrage aurait pour effet en reliant la station du lac des Oiseaux (tramway de Bône à La Calle) au chemin d'intérêt commun n° 9, de permettre en toute saison aux populations de la contrée comprise entre la Maffrague, l'Oued-Kébir et le chabet Mahdoua, d'avoir des relations avec la gare sus-visée et de là avec toute la région avoisinante au lieu de se trouver bloquées pendant des intervalles de 15 à 20 jours lorsque les eaux de l'Oued-Kébir et de la Maffrague sont trop élevées.

La circulation qui utilise aujourd'hui le bac établi à l'embouchure de la Maffrague est insignifiante et le bac pourrait être supprimé après la construction du pont sur l'Oued-el-Kébir. Cette suppression donnerait une économie annuelle de 4,000 francs au département qui devrait, en retour, contribuer pour une somme de 100,000 francs à l'exécution de l'ouvrage. Les dépenses étant évaluées à 140,000 francs, la colonie n'aurait à verser que 40,000 francs ; c'est ce chiffre qui a été inscrit au programme.

Chemin de grande communication n° 32 de Batna a Biskra par la vallée de l'Oued Abiod

Le chemin est à l'état d'entretien entre Batna et le Teniet Ighriel sur 39 kil. 200 et ouvert en terrassements et ouvrages d'art seulement sur 13 kil. à la suite, c'est-à-dire jusqu'à l'Oued-Ouasti. Au delà de ce point, jusqu'à Biskra, il est à l'état de piste.

Après les gorges de Tighanimine cette piste est bonne et peut être suivie en voiture. Il suffirait, pour le moment, d'ouvrir en terrassements et ouvrages d'art la partie comprise entre l'Oued-Ouasti et la fin des gorges pour que le chemin, qui a quelque intérêt stratégique, fût praticable aux véhicules sur toute sa longueur. Pour obtenir ce résultat, une somme de 440,000 francs paraît devoir être suffisante.

VOIES D'ACCÈS AU PORT DE BÔNE

Les voies départementales à classer dans le réseau des routes nationales, aboutissent à l'angle formé par la rencontre des quais ouest et nord de la petite darse du port de Bône, à proximité de l'origine du cours Jérôme Bertagna.

La municipalité de Bône demande la création, entre ce point et les terre-pleins de la nouvelle darse, d'une grande artère centrale qui serait formée par le cours Bertagna et par la rue neuve Saint-Augustin, élargie et prolongée en tunnel sous la falaise rocheuse qui porte la vieille ville et surplombe le nouveau port.

Les dépenses à envisager pour l'ouverture de cette nouvelle voie d'accès à la grande darse peuvent être évaluées à un million de francs, y compris les expropriations, qui seront coûteuses.

Lors des enquêtes qui seront ouvertes pour le classement de nouvelles routes nationales, les populations intéressées et la municipalité seront appelées à donner leur avis sur ce tracé et sur la question des voies et moyens.

CHEMIN DE GRANDE COMMUNICATION N° 25 DE TAMENTOUT A MILA PAR FEDJ-M'ZALA

Cette voie est construite entre Mila et Fedj-M'zala; elle est en lacune entre ce dernier centre et Tamentout, soit sur une longueur de 33 kilomètres environ. La partie construite dessert les centres de Zeraïa, Seraghna, Redjas, Richelieu, Rouached, Tiberguent, Lucet et Fedj-M'zala en leur assurant un débouché sur Mila et Constantine; la partie à construire les mettrait en communication vers Tamentout avec Djidjelli qui paraît être le centre d'écoulement naturel des produits de la contrée. Enfin, le tronçon projeté desservirait et relierait 4 douars importants actuellement privés de voies de communication; ce sont les douars Ferdjioua, Roussia, Tassadane et Zarza.

CHEMIN DE CHEMORA A AÏN-YAGOUT

La longueur du chemin à construire est de 11 k. 500 et la dépense à envisager est évaluée à 110,000 francs.

Avec les 20,000 francs portés au programme on pourra construire les terrassements.

L'achèvement de cette voie aurait une utilité incontestable. Malgré ses défectuosités actuelles le chemin de Chemora à Aïn-Yagout supporte déjà un charroi intense dû au marché de Chemora et à l'exploitation des mines nombreuses du Bou-Arif.

L'installation de fermes dans l'aguedel Beylik, la création d'un centre de colonisation à Chemora, ajouteraient encore à ce trafic, car les colons et industriels auraient avantage à diriger leurs produits sur Aïn-Yagout point de la ligne ferrée le plus rapproché de Chemora.

CHEMIN DE GRANDE COMMUNICATION N° 2 DE CONSTANTINE A DJIDJELLI. (ACHÈVEMENT DE LA PARTIE NOUVELLEMENT CLASSÉE.)

Il s'agit de la construction d'un troisième pont sur le Rhumel pour faire communiquer la ville de Constantine avec le plateau de l'hôpital civil et permettre ainsi à la cité de se développer de ce côté.

La dépense est évaluée à 400,000 francs. Mais la commune a fait connaître que sa participation avec celle de l'hôpital pourrait atteindre 200,000 francs. Les charges de la colonie ne dépasseraient donc pas 200,000 francs, dont une partie pourrait être récupérée par la plus-value que prendraient les terrains domaniaux situés sur le plateau.

B. — TRAVAUX MARITIMES

Les propositions du gouvernement général ont été adoptées sans modification par les délégations financières. Leur objet a été exposé en détail dans la brochure distribuée en février dernier (p. 191 à 200) : on rappellera seulement qu'elles comprennent les dépenses ci-après.

1° Achèvement du programme établi en vue de l'emploi des fonds de l'emprunt de 50 millions autorisé par la loi du 7 avril 1902.

Département d'Alger	2.360.600
Département d'Oran.	2.754.000
Département de Constantine . .	1.967.000
Total . . .	7.081.600

2° Programme complémentaire :

Port d'Alger	2.000.000
Port de Ténès	1.500.000
Port de Némours	2.000.000
Port de Mostaganem	500.000
Port de Djidjelli	3.000.000
Total	9.000.000

Report du programme de l'emprunt autorisé par la loi du 7 avril 1902. . 7.081.600

Total pour les travaux maritimes. 16.081.600

C. — Travaux hydrauliques

L'administration avait proposé d'exécuter au titre du nouvel emprunt :

1° Les travaux hydrauliques prévus au programme de l'emprunt autorisé par la loi du 7 avril 1902 que l'insuffisance des fonds de cet emprunt ne permettait pas de doter 6.967.240

Et 2° De nouveaux ouvrages pour une somme de 3.700.000

Total. 10.667.240

Les délégations financières ont tout d'abord ajouté à ce programme de nouveaux travaux dont l'exécution exigera une dépense de 680.000

et substitué à un ouvrage de 150,000 francs prévu par l'administration un travail moins important ne nécessitant qu'une somme de 30,000 francs, d'où une diminution de 120.000

qui réduit la dépense complémentaire à 560.000   560.000

De sorte que le programme nouveau s'élevait à 11.227.240

Puis, elles ont réparti cette dépense entre les fonds d'emprunt 2.254.554
et les excédents à venir du fonds de réserve 8.972.686

Total égal. 11.227.240

sans indiquer à quels travaux s'appliqueraient ces dotations.

Cette situation n'offre aucun inconvénient.

On sait, que, dans la pratique, l'exécution des travaux hydrauliques rencontre certaines difficultés. L'obligation, pour les intéressés, de se constituer en association syndicale et de fournir une part contributive dans la dépense n'est pas toujours satisfaite et, par suite, des ouvrages d'irrigation, de défense ou d'assainissement prévus aux programmes dressés par l'administration ou par les assemblées financières de la colonie, restent en suspens. Les facilités que la loi du 20 avril 1906 a données aux syndicats en permettant à l'Algérie de garantir leurs emprunts n'ont pas, jusqu'à présent, modifié sensiblement cet état de choses. C'est ainsi qu'au 1er janvier 1907, l'administration n'avait pu dépenser que. 1.841.003
sur la dotation de. 6.692.757
affectée aux travaux hydrauliques sur les fonds du premier emprunt.

Le reliquat des crédits à cette date représente donc 27,51 % de la dotation et aucune prévision ne peut être faite quant à l'époque à laquelle cette dotation pourra être épuisée.

Par contre, quelques-uns des ouvrages inscrits par les délégations financières et par l'administration au nouveau programme, sont urgents et seront rapidement prêts à être mis en adjudication.

Dans ces conditions, il y avait intérêt à ne pas renfermer l'administration dans un cadre trop étroit en arrêtant un programme ferme de travaux pour l'emprunt et un autre pour les excédents du fonds de réserve. C'est ce qui résulte implicitement de la décision des délégations financières. L'intérêt bien compris de la colonie exigerait qu'on fît masse de la liste donnée en 1902 à l'occasion du premier emprunt et de la liste additionnelle proposée cette année par l'administration et par les délégations. Les travaux inscrits sur ces deux listes seront mis en adjudication à mesure qu'ils seront prêts jusqu'à épuisement des fonds d'emprunt affectés aux travaux hydrauliques, savoir :

6.692.757 sur le premier emprunt et

2.254.554 sur le second.

Total... 8.947.311

Ils seront ensuite proposés aux assemblées algériennes pour être dotés au moyen des excédents du fonds de réserve.

Le programme résultant des deux listes dont il vient d'être parlé est constitué comme il suit :

1o. — Travaux hydrauliques prévus au programme 1er emprunt

Désignation des travaux portés au programme	Dépenses prévues			Dépenses effectuées			Observations
	Évaluation totale	à la charge des Intéressés	à la charge de la colonie	au 31 décembre 1905 (chiffres définitifs)	en 1906 (chiffres provisoires)	Total au 31 décembre 1906	
Département d'Oran							
Assainissement de la plaine d'Eghriss	178.700	17.870	160.830	135.000	25.831	160.831	Travail achevé.
Irrigation de la plaine de Marnia	1.100.000	200.000	900.000	10.200	3.100	13.300	Travail achevé.
Dérivation de l'Oued Touent pour la protection de la ville de Nemours	37.000	18.330	18.670	18.667	»	18.667	Non compris un fonds de concours de 18,333 fr. versé, en 1903, par la commune de Nemours (6,000 fr.) et par le ministère de la guerre (12,333 fr.).
Endiguement de l'Oued Mekerra pour la protection du centre de Bedeau	73.290	»	73.290	73.291	2.374	75.665	Travail achevé.
Barrage réservoir du Meffrouch. — Amélioration des irrigations de Tlemcen	60.000	»	60.000	8.600	27.555	36.155	
Réfection du canal principal du syndicat d'irrigation d'Hennaya	213.360	71.120	142.240	80.000	57.542	137.542	
Barrage de Tafaraoui	250.000	50.000	200.000	»	»	»	
Protection de la ville de Sidi-bel-Abbès contre les inondations de la Mekerra	350.000	»	350.000	1.521	4.786	6.307	
Desséchement du territoire de Rivoli	386.000	»	386.000	191.558	133.000	324.558	
Mise en valeur de la plaine du Chéliff	4.500.000	1.200.000	3.300.000	8.742	8.000	16.742	Travail achevé. Non compris un fonds de concours de 4,315 fr. versé, en 1903, par les intéressés.
Desséchement des marais d'Aïn-Tédelès	20.820	4.340	16.480	15.478	2.300	17.778	
Desséchement des marais d'Aïn-Sidi-Chérif	71.500	»	71.500	»	58.993	58.993	
Desséchement des marais d'En-Naro	85.000	17.000	68.000	»	1.500	1.500	
Études et dépenses diverses	70.000	»	70.000	»	»	»	
Totaux	7.395.670	1.578.660	5.817.010	543.057	324.981	868.038	
Département d'Alger							
Endiguement de l'Oued-Djemâa à Sidi-Moussa (rive droite)	19.000	1.900	17.100	17.100	»	17.100	Travail achevé.
Restauration du barrage et du canal abandonnés du syndicat d'irrigation de l'Oued-Djemâa, à l'Arba	149.000	49.660	99.340	»	90.500	90.500	
Défense de la plaine de Thiers contre l'Oued-Isser	70.000	10.500	59.500	25.055	5.701	30.756	
Assainissement de la plaine de Maison-Blanche	410.210	125.000	285.210	23.862	1.892	25.754	
Dérivation de l'Oued-Khemis pour l'irrigation du territoire de Kherba	130.710	7.000	123.710	75.871	»	75.871	
Amélioration des irrigations de Lamartine	25.030	8.250	16.780	16.770	»	16.770	Travail achevé. Non compris un fonds de concours de 8,230 fr. versé, en 1903 et 1904, par les intéressés.
Construction d'un drain dans la vallée du Sly (irrigations de Malakoff et Charon)	159.890	»	159.890	50.386	58.700	115.086	
Barrage du rocher des pigeons	212.540	70.850	141.690	102.542	17.816	120.358	
Amélioration du canal principal du syndicat de desséchement de Boufarik	175.000	35.000	140.000	»	50.000	50.000	
Bétonnage des canaux d'irrigation de Charon	49.000	»	49.000	49.000	»	49.000	Travail achevé.
À reporter	1.400.380	308.160	1.092.220	336.595	224.609	591.204	

1°. — Travaux hydrauliques prévus au programme du 1er emprunt (suite)

Désignation des travaux portés au programme	Dépenses prévues			Dépenses effectuées			Observations
	Évaluation totale	à la charge des Intéressés	à la charge de la Colonie	au 31 décembre 1905 chiffres définitifs	en 1906 chiffres provisoires	Total au 31 décembre 1906	
Report	1.400.380	308.160	1.092.220	366.595	224.609	591.204	
Barrage de dérivation du Chéliff à Lavigerie pour l'irrigation des terres de Lavigerie, Aïn-Sultan et Affreville	1.200.000	325.000	875.000	4.800	»	4.800	
Extension et amélioration des canaux d'irrigation d'Oued-Fodda	117.400	»	117.400	79.907	32.000	111.907	
Extension et amélioration des canaux d'irrigation de Roulna	125.000	15.000	110.000	11.000	53.000	64.000	
Etudes et dépenses diverses	20.000	»	20.000	»	»	»	
Totaux	2.862.780	648.160	2.214.020	462.308	309.609	771.911	
Département de Constantine							
Desséchement des marais de Chéria (Tébessa)	57.590	»	57.590	57.586	»	57.586	Travail achevé
Desséchement du lac Fetzara	2.000.000	»	2.000.000	3.500	»	3.500	
Desséchement du lac Tonga	405.500	»	405.500	6.000	30.000	36.000	
Prolongement de la digue de l'Oued-el-Kebir, à Yusuf	15.000	»	15.000	»	»	»	
Assainissement de la petite plaine de Bône	465.000	125.000	340.000	»	»	»	
Irrigations de la Seybouse. — Prolongement du canal de rive gauche	192.000	20.000	172.000	»	»	»	
Desséchement du territoire de Blandan	34.000	»	34.000	»	32.183	32.183	
Construction d'un barrage sur l'Oued-el-Abiod, à Foum-el-Kherza	52.210	»	52.210	52.211	»	52.211	Travail achevé. Ce barrage est situé dans les territoires du sud. La somme de 52,211 fr. a été dépensée en 1902 et 1903.
Construction d'un canal étanche sur la rive gauche de l'Oued-M'lili, pour l'irrigation des oasis de Bigou, M'lili, Manalha, etc.	113.620	48.330	65.290	65.283	»	65.288	Travail achevé. Canal situé dans les territoires du sud. La somme de 61,284 a été dépensée en 1902 et 1903. D'autre part, un fonds de concours de 48,334 fr, versé en 1902, 1903 et 1904, par les intéressés, n'est pas compris dans cette somme.
Dérivation de l'Oued-el-Arab en vue de l'alimentation des Ksours du Zab-Chorgui : Khanga, Liana, Badès, etc.	1.455	»	1.455	1.455	»	1.455	Travail achevé. Territoires du sud. La somme de 1,455 fr. affectée à des études, a été dépensée en 1903.
Egout latéral du Rhumel (aménagement des chutes de Constantine)	300.000	»	300.000	8 770	3.170	11.940	
Barrage de l'Oued-Athménia sur le Rhumel	2.500.000	480.000	2.020.000	»	»	»	
Alimentation de la région des Shak (Aïn-Soltan)	183.322	58.000	125.322	1.704	»	1.704	
Etudes et dépenses diverses	40.000	»	40.000	4.150	»	4.150	
Totaux	6.359.697	731.330	5.028.367	200.604	65.353	266.017	
Récapitulation par département							
Département d'Oran	7.395.670	1.578.660	5.817.010	543.057	324.981	868.038	
Département d'Alger	2.862.780	648.160	2.214.620	462.302	309.609	771.911	
Département de Constantine	6.359.697	731.330	5.628.367	200.604	65.353	266.017	
Totaux	16.618.147	2.958.150	3.059.997	1.206.023	699.943	1.905.966	Non compris les fonds de concours s'élevant à 79.262 fr. versés de 1902 à 1903 inclus.

Il résulte de l'examen de ce tableau que les dépenses à la charge de la colonie pour la réalisation des travaux prévus au programme du 1er emprunt s'élèvent à. 13.659.997

Or la dotation des travaux hydrauliques sur l'emprunt de 1902 est de . . 6.692.757

D'où un manquement de , ... 6.967.240

Se répartissant ainsi qu'il suit entre les trois départements :

Département d'Alger. 1.128.000
— d'Oran. 2.975.240
— de Constantine 2.864.000

2° — *Travaux complémentaires adoptés par les délégations*

	DÉPENSES	OBSERVATIONS
Département d'Alger		
Dérivation du Sébaou à Rebeval (Évaluation totale 325.000) Part de la colonie......................	220.000	(1) L'administration n'avait prévu comme dépense à la charge de l'Algérie pour ces travaux que les sommes suivantes :
Desséchement de Boufarik et de la rive droite de la Chiffa............	(1) 250.000	Desséchement de Boufarik 203.000
Desséchement du lac Halloula (évaluation totale de 1,200,000) Part de la colonie......................	(1) 900.000	Lac Halloula . . . . . 800.000 Défense de Boufarik. . 75 000
Défense de Boufarik contre les inondations (évaluation totale 110,000) Part de la colonie	(1) 90.000	Les délégations, en vue de faciliter l'exécution des travaux ont élevé la participation de la colonie aux sommes ci-contre supérieures, dans leur ensemble de 160,000 francs.
Barrage des Attafs.................	(2) 300.000	
Total pour le département d'Alger.	1.760.000	(2) Ajouté par les délégations au programme proposé par l'administration.
Département d'Oran		
Dévasement et reconstruction du barrage de la Djidioula..........	700.000	
Participation du budget de l'hydraulique agricole à l'alimentation en eau potable de villages de la région de Perrégaux..	300.000	
Desséchement du lac de Télamine (évaluation totale 435,000). Part de la colonie....................	400 000	
Total pour le département d'Oran.	1.400.000	

2° — *Travaux complémentaires adoptés par les délégations* (Suite)

Département de Constantine

Barrage de dérivation sur l'oued Barika...................................	260.000	
Barrage de dérivation sur l'oued Ksob à M'Sila...........................	60.000	
Défense de Batna contre les inondations.................................	(1) 300.000	(1) L'administration n'avait prévu pour ces travaux que les dépenses ci-après)
		Défense de Batna..... 150.000 Déssèchement des marais d'Hippone..... 180.000
Desséchement des marais de Duzerville, Zerizer, Morris et du Bou-Allalah, région de Bône..........	200.000	
Desséchement des marais d'Hippone et des environs immédiats de Bône...........................	(1) 250.000	(2) L'administration avait prévu pour l'assainissement de la plaine de Philippeville une somme de 150,000 francs.
Assainissement de la plaine de Philippeville.....................	(2) 30.000	
Total pour le départ de Constantine,	1.100.000	
Report pour le département d'Oran.	1.400.000	
Report pour le département d'Alger.	1.760.000	
Total du programme complémentaire	4.260.000	
Achèvement du programme établi en vue de l'emploi des fonds de l'emprunt 1902......................	6.967.240	
Total pour les travaux hydrauliques:	11.227.240	

Les modifications apportées au projet de l'administration par les délégations financières en ce qui touche les travaux de défense de Batna contre les inondations et l'assainissement de la plaine de Philippeville, ainsi que l'inscription au programme du barrage des Atlafs se justifient par les raisons suivantes :

Département de Constantine

DÉFENSE DE LA VILLE DE BATNA CONTRE LES INONDATIONS

Le programme de l'administration prévoyait pour cet objet une somme de 150,000 francs à titre de participation du budget colonial dans la dépense des travaux (voir notice à la page 215 de la brochure relative au projet d'un nouvel emprunt).

Le programme adopté par les délégations financières a porté ce crédit à 300,000 francs.

Le projet qu'il s'agit de doter consiste essentiellement dans l'agrandissement du canal construit autrefois par le génie pour protéger la ville de Batna contre les inondations. Les travaux auraient surtout pour but d'éviter le retour des accidents de personnes qui ont trop souvent attristé la population batnéenne, de protéger, contre les crues de 4 vallées habituellement sèches, la ville et la gare de Batna, le chemin de grande communication n° 20 et d'éviter l'inondation périodique de 228 hectares de terres de labour ou de prairies et de 22 hectares de jardins avec maisons d'habitation.

La dépense prévue à un avant projet non encore vérifié est de 350,000 francs. La subvention votée sera très largement suffisante car le département de Constantine, la ville de Batna, la compagnie de l'Est-Algérien et les propriétaires des terrains à défendre sont intéressés à l'exécution des travaux et devront participer à la dépense dans une mesure correspondant au bénéfice qu'ils en peuvent attendre.

Département de Constantine

ASSAINISSEMENT DE PHILIPPEVILLE. — CONSTRUCTION
D'UN ÉGOUT SE DÉVERSANT DANS LE ZÉRAMNA

Le crédit de 150,000 francs porté au programme de l'administration (voir notice à la page 214 de la

brochure relative au projet d'un nouvel emprunt)
était destiné à être appliqué, à titre de subvention
du budget colonial, à un projet général de travaux
de défense et d'assainissement de la plaine du Zéramna
dans la banlieue de Philippeville, projet dont la
dépense totale est évaluée à au moins 430,000 francs.

Le crédit de 30,000 francs voté par les délégations
financières a un objet beaucoup plus restreint et
plus modeste. Il est destiné à subventionner un
projet dont le coût total est de 56,000 francs et qui
comprend les travaux nécessaires pour transformer
en égouts couverts des fossés de dessèchements
ouverts dans la plaine du Zéramna et qui conduisent
au Saf-Saf à la fois les eaux du ruissellement naturel
et une partie des eaux-vannes provenant des égouts
de Philippeville. Ces fossés sont ainsi devenus un long
foyer d'infection pour toute la région traversée et les
habitants ont réclamé avec insistance une amélioration à un état de choses si préjudiciable à la salubrité
publique.

Le projet des travaux est dressé depuis 1898 et
l'insuffisance des ressources de la commune a été la
seule cause du retard apporté jusqu'ici à leur mise
en œuvre.

Département d'Alger

Dérivation du Chéliff pour l'irrigation de la plaine des Attafs

Les travaux dont il s'agit ont été étudiés et approu-
vés en principe depuis longtemps. C'est en raison de
la nécessité de maintenir les dépenses dans les limi-
tes générales imposées par le chiffre total de 150 millions, adopté dans ses propositions d'ensemble, que
l'administration ne les avait pas compris dans le
programme soumis aux délibérations des délégations
financières.

Ces dernières les ont dotés jusqu'à concurrence
d'une somme de 300,000 francs dans le programme
élargi qu'elles ont adopté.

Le projet d'irrigation de la plaine des Attafs (territoire de Sainte-Monique, Saint-Cyprien-des-Attafs,
les Attafs, Wattignies) a été approuvé par une décision de M. le ministre de l'agriculture en date du 22
juillet 1889. Il comprend essentiellement la construction d'un canal principal ouvert à flanc de coteau sur
la rive gauche du Chéliff, alimenté par une dériva-
tion facile à obtenir au moyen d'un barrage rudi-
mentaire, et dominant un périmètre d'une superficie
de plus de 2,400 hectares, dont 1,900 irrigables.

Ce projet est à compléter par le bétonnage du canal
principal et par la construction de canaux secondai-
res, et l'on estime que la dépense totale ne dépassera
pas de beaucoup 300,000 francs. On pourra donc ne
laisser à la charge des intéressés qu'une faible part
des frais de premier établissement.

Dans une nouvelle tentative qui vient d'être faite
pour réunir les intéressés en une association syndicale capable de gérer l'œuvre des irrigations, les en-
gagements souscrits ont représenté une superficie
totale d'environ 1,100 hectares. L'association est donc
en état d'être constituée, car de nouvelles adhésions
se produiront naturellement quand les habitants de
la plaine des Attafs verront les travaux en cours
d'exécution.

Les études relatives, d'une part, à l'établissement
des projets définitifs et, d'autre part, à la procédure
de constitution de l'association syndicale, sont actuellement poursuivies et le maintien du crédit inscrit au programme du nouvel emprunt par les délégations financières permettra de faire aboutir cette
intéressante entreprise d'utilisation des eaux.

III. — Colonisation

Le programme proposé par le gouvernement général, pour le service de la colonisation, a été accepté
par les délégations financières.

Il est ainsi conçu :

Département d'Oran
I. — CRÉATION DE CENTRES

Désignation des centres	Arrondissements	Communes auxquelles ils appartiennent	Situation	Superficie du centre	Dépenses d'installation Prévisions		Total	Observations
					Achats de terres	Travaux		
Oued-Lili	Mostaganem	Tiaret (m)	Sur la route d'Ammi-Moussa à Tiaret, à 18 kil. de Tiaret.	2.600 h	50.000	144.000	194.000	Sur 2,600 hectares, 2,100 appartiennent à l'état. Les 500 autres sont évalués à 50,000 fr. par l'administrateur de Tiaret qui estime également dans son rapport à 144,000 fr. le montant des travaux.
Choualas	id.	Zemmora (m)	Sur un embranchement de la route de Relizane à Tiaret, à 13 kil. de Montgolfier et à 20 kil. de la gare de Prévost-Paradol.	3.550	213.000	120.000	333.000	Le prix des terres est celui qui ressort des promesses de vente, souscrites à l'amiable par les indigènes, la dépense des travaux est celle de l'avant-projet établi par le service spécial
Aïn-Dzarit	id.	Djebel-Nador (m)	Dans la partie du Sersou militaire voisine du territoire de Bourlier à environ 35 kil. de Tiaret.	3.000	180.000	200.000	380.000	L'étude de ce projet étant peu avancée, ces indications ne sont données que pour mémoire.
Nador	id.	id.	id.	3.000	180.000	200.000	380.000	Rapport de l'Administrateur.
Aïn-Saïd	id.	id.	Sur le chemin de Tiaret à Aflou à 19 kil. de Trézel, 24 kil. d'El Oussenkb et 47 kil. de Tiaret.	2.550	125.000	139.000	264.000	La dépense des travaux est celle de l'avant-projet dressé par le service spécial.
Lakred	id.	Tiaret (m)	Au droit de la route de Téniet-el-Haâd, et à 15 kil. du nouveau village de Waldeck-Rousseau.	2.000	200.000	175.000	375.000	Rapport de l'Administrateur.
Médroussa	Mascara	Frenda (m)	Sur la route de Frenda à Prévost-Paradol à 30 kil. de cette dernière gare de la ligne de Mostaganem à Tiaret.	2.300	230.000	100.000	330.000	Le prix des terres est basé d'après celui pratiqué dans la région. La dépense des travaux est celle indiquée par le préfet, suivant les données de la commission des centres.
Aïn-Kermès	id.	id.		4.500	225.000	150.000	375.000	
Aïn-Sultan	id.	Saïda (m)	Au droit de la route de Tagremaret au Télagh, à 16 kil. de Saïda.	2.000	140.000	165.000	305.000	Prix des terres donné d'après les évaluations du service topographique. Le montant des travaux est celui de l'avant-projet dressé par le service des ponts et chaussées.
Tagremaret	id.	Frenda	Sur la route de Frenda à Mascara, à 45 kil. de Frenda et à 27 kil. de Martimprey.	5.600	150.000	125.000	275.000	3,800 hectares sont sabega, 1,740 sont domaniaux et 60 appartiennent à des israélites et à deux femmes indigènes. Une partie du sabega sera payée. Une autre partie sera échangée avec des domaniaux. Travaux d'installation, mémoire.
Totaux				31.100	1.693.000	1.518.000	3.211.000	
Travaux topographiques calculés au prix moyen de 4 fr. par hectare 31.100 × 4							124.400	
Total général				31.100	1.693.000	1.518.000	3.335.400	

Département d'Alger

I. — CRÉATION DE CENTRES

Désignation des centres	Arrondissements	Communes auxquelles ils appartiennent	Situation	Superficie du centre	Dépenses d'installation Prévisions — Achats de terres	Travaux	Total	Observations
Kherba	Médéa	Boghari (m)	Sur la route de Boghari à Téniet-el-Haad, à 30 kil de Boghari.	3.500 h	15.000	152.000	167.000	Le territoire sera composé au moyen de terrains domaniaux. La dépense des travaux est celle de l'avant-projet dressé par le service spécial.
Aïn-Boucif	id.	Aïn-Boucif (m)	Sur la route de Berrouaghia à Sidi-Aïssa; à 8) kil. de Berrouaghia, et à 30 kil de l'Oued-el-Hakoum, future station du chemin de fer de Berrouaghia à Laghouat.	2.500	312.500	105 000	417.500	La dépense des travaux et des terres est indiquée d'après le rapport de la commission des centres.
Tléta des Douairs	id.	Berrouaghia (m)	Sur la même route à 67 kil. de Berrouaghia et à 13 kil. d'Aïn-Boucif.	2.700	463.700	120.000	583.700	Même observation. Les terres du Tléta des Douairs sont recherchées pour leur fertilité exceptionnelle.
Aïn-Tsarès	id.	id.	Sur un embranchement de la nouvelle route d-Médéa à Ben-Chicao et à 18 kil. de Médéa.	1.730	300.000	135 000	435.000	Les terres sont évaluées d'après les indications du Sous-Préfet de Médéa. La dépense des travaux est celle de l'avant-projet dressé par le service spécial.
Champlain	id.	id.	Sur la route de Tablat à Ben-Chicao, à 18 kil. de Ben-Chicao et à 38 de Médéa.	mémoire	mémoire	mémoire	mémoire	Les dépenses de ce centre seront prélevées sur le reliquat du premier emprunt.
Zeddin	Miliana	Braz (m)	Sur la route de l'Oued-Rouïna à 8 kil. de cette gare de la ligne d'Alger à Oran.	1.700	339.000	231.000	570.000	La dépense des travaux et des terres est indiquée d'après le rapport de la commission des centres.
Aïn-Gouthnia	id.	Djendel (m)	Sur la route d'Affreville à Médéa, à 7 kil. de Dollusville et à 31 d'Affreville.	mémoire	mémoire	mémoire	mémoire	Les dépenses de ce centre seront prélevés sur le reliquat du premier emprunt.
Aïn-Behaïr	Orléansville	Ténès (m)	Sur la route de Fromentin à Rabelais, à 10 kil. de Fromentin et à 20 de Rabelais.	1.900	117.000	130.000	247.000	Sur 1,900 hectares, 730 proviendront du domaine de l'état. Les 1,170, à acheter sont évalués d'après le rapport de la commission des centres à 117,000 fr. La dépense des travaux est celle de l'avant-projet du service spécial.
Taougrit	id.	id.	Sur la route de Rabelais à la mer, à 16 kil. de Rabelais et à 32 kil. d'El-Marsa point du littoral.	1.782	250.000	145.000	395.000	Le prix des terres est celui qui ressort des promesses de vente souscrites à l'amiable par les indigènes. La dépense des travaux est celle de l'avant-projet dressé par le service des ponts et chaussées.
Sidi-Aïssa	Alger	Sidi-Aïssa (m)	Sur la route nationale d'Alger à Bou-Saâda.	3.200	135.000	150.030	285.000	Les terres seront payées, partie en argent et partie en compensations territoriales.
			Totaux.	19.012	1.932.200	1.168.000	3.100.200	
			Travaux topographiques calculés au prix moyen de 4 fr. par hectare 19.012 × 4 (en chiffres ronds).				76.000	
			Total général.	19.012	1.932.200	1.168.000	3.176.200	

Désignation des centres	Arrondissements	Communes auxquelles ils appartiennent	Situation	Superficie du centre	Dépenses d'installation Prévisions		Total	Observations
					Achats de terres	Travaux		
			II. — GROUPES	**DE FERMES**				
L'Harmela	Médéa	Aïn-Boucif (m)	Sur le chemin de Boghar à Aïn-Boucif, par le Tiéta des Douairs.	1.200 h	180.000	30.000	210.000	
			Travaux topographiques calculés au prix moyen de 4 fr. par hectare 1.200 × 4.				4.800	
			Total général	1.200	180.000	30.000	214.800	
			Département	*de Constantine*				
			I. — CRÉATION	**DE CENTRES**				
Ras-el-Aïoun ..	Batna	Ouled-Soltan (m)	Sur la route de Sétif à Batna à 87 kil. de Sétif, à 57 kil. de Batna et à 3) kil. d'Ampère.	2.000	100.000	117.500	217.500	Le prix des terrains est basé sur celui des terres de la région. La dépense des travaux d'installation a été indiquée par la commission des centres.
M'Sila.	id.	M'Sila (m)	A 58 kil. de Bo dj-bou-Arréridj.	3.000	»	150.000	150.000	Terres domaniales. — Prix de revient d'un village
Foum el Gueïss	id.	Khenchela (m)	A 22 kil. de Khenchela et à 83 kil de Batna.	2.200	»	336.000	336.000	1.700 hectares appart'ennent à l'état, 500 seront acquis à des indigènes par voie d'échange. La dépense des travaux d'installation est établie d'après le chiffre donné par la commission des centres.
Sidi-Mançar...	id.	Aïn-Touta Aurès (m)	Sur le chemin de Batna à Khenchela, à 27 kil. de Batna et à 9 kil. de Lambèse.	2.950	»	170.000	170.000	Les terrains seront acquis, par voie d'échange. Le chiffre de dépense d'installation est indiqué d'après le projet du service spécial.
El-Outaya.	id.	Aïn-Touta (m)	Sur la route de Batna à Biskra à 28 kil. de Biskra.	3.800	158.345	85.000	243.345	Les terrains doivent être acquis à l'Administration de la guerre.
Saguiet - Sidi-Youssef.	Guelma	Souk-Ahras (m)	A 48 kil. de Souk-Ahras.	1.670	»	132.000	132.000	1.230 hectares seront acquis par voie d'échange aux indigènes. Le chiffre des travaux d'installation est celui indiqué par la commission des centres.
Bellaa.	Sétif	Eulma (m)	A 12 kil. de la gare de Navarin de la ligne d'Alger à Constantine, à 46 kil. de Sétif.	3.000	»	230.000	230.000	Terre domaniale et terre à acquérir par voie de compensation. La dépense des travaux est celle du projet dressé par le service spécial.
Aïn-el-Ksar...	id.	Rhira	Sur la route de Colbert à Tocqueville, à 12 kil. de Tocqueville.	2.800	60.000	150.000	210.000	Le périmètre doit être constitué au moyen de terre domaniale et de biens de douars; pour ces derniers les indigènes recevront des terrains domaniaux et une soulte en argent.
			A reporter.	21.420	318.345	1.370.500	1.688.845	

Désignation des centres	Arrondissements	Communes auxquelles ils appartiennent	Situation	Superficie du centre	Dépenses d'installation. Prévisions. Achats de terres	Travaux	Total	Observations
			I. — CRÉATION DE CENTRES (suite)					
			Report.	21.420 h	318.345	1.370 500	1.688.845	
Bekkaria.	Constantine	Morsott	A 13 kil. de Tébessa.	3.000	»	225.000	225.000	Terres domaniales.
Beni-Sbihi. . .	id.	El-Milia	Sur le chemin d'El-Milia, à 31 kil. d'El-Milia et à 44 kil. de la gare du Col des Oliviers.	1.585	50.000	275.000	325.000	1,035 hectares appartiennent à l'état, 500 seront à acquérir.
			Totaux.	25.955	368.345	1.870.500	2.238.845	
			Travaux topographiques calculés au prix moyen de 4 fr. par hectare. 25,955 (chiffres ronds)				104.000	
			Total général. . . .				2.342.845	
			II. — AGRANDISSEMENTS					
Mondovi	Bône	Mondovi	A 15 kil. de Bône.	2.114	306.000	»	306.000	Prix d'évaluation des experts de l'état.
			Travaux topographiques calculés au prix moyen de 4 fr. par hectare. 2.114 × 4 (chiffres ronds)				8.000	
			Total général. . . .	2.114	306.000	»	314.000	
			III. — GROUPES DE FERMES					
Adeker-Kebouch . . .	Bougie	Soummam	Sur la route de Tizi-Ouzou à Bougie.	1.200	»	35 000	35 000	Terres domaniales.
Zarar.	id.	Guergour	A 8 kil. du centre de Kerrata.	1.800	»	50.000	50.000	id.
Oued-Chaba. . .	Constantine	Aïn-Touta (m)	Au droit de la route de Batna à Mac-Mahon, à 17 kil. de Batna et à 13 kil. de Mac-Mahon.	1.075	»	40.000	40.000	id.
Oued-Hamla. . .	Constantine	id.		819	»	25.000	25.000	id.
La Fontaine. . .	id.	Sédrata (m)		1.500	»	140.000	140.000	id.
Ouled-Hamla. .	Batna	Aïn-M'lila		2.600	»	75.000	75.000	id.
Arago.	Constantine	El-Milia (m)	Sur le chemin d'El Milia ; à 47 kil. du centre de Catinat.	1.200	»	75.000	75.000	id.
El-Oussaf	id.	Grarem	Sur le chemin d'El-Milia, à 5 kil. de Gravelotte.	1.200	»	60.000	60.000	id.
			Totaux.	11.394	»	500.000	500.000	
			Travaux topographiques calculés au prix moyen de 4 fr. par hectare. 11.394 × 4 (chiffres ronds).				45.300	
			Total général. . . .	11.394	»	500.000	545.300	

Routes nouvelles

Département d'Alger

Chemin d'Aïn-Behair à Fromentin.	15 km.	235.000
Chemin de Trumelet aux Douï-Hasseni (continuation de la voie de desserte entre Victor-Hugo et Hardy).	12 km.	120.000
Chemin de Vialar au Sersou . . .	11 km.	89.000
Chemin du Tléta des Douairs à Aïn-bou-Cif	27 km.	410.000
Total.	65 km.	854.000

Département d'Oran

Chemin de Tiaret à Oued Lili (part contributive du budget de la colonie)	20 km.	156.000
Chemin de Sidi-Bel-Abbès à Saïda (partie, 22 km. à 12,000 francs le kilomètre = 264,000 francs) .	»	mémoire
Chemin de Montgolfier aux Choualas	13 km.	170.000
Chemin de Berkèche à Aïn-Temouchent et à Hammam-Bou Hadjar.	20 km.	243.000
Total.	55 km.	569.000

Département de Constantine

Chemin de Lafayette à la gare d'Aïn-Tagrout (part contributive du budget de la colonie). . . .	18 km.	100.000
Chemin de Bellâa.	9 km.	75.000
Chemin des fermes de Ouled Hamla, de l'Oued Chaba et des Ouled Hamla.	28 km.	250.000

Chemin de Chemora. . . . .   12 km.   144.000
Chemin de Bekkaria. . . . .   8 km.   80.000
Tronçon Gounod à Bou-Achana (1)   »   mémoire

     Total. . . . .   72 km.   649.000

Récapitulation

Département d'Alger. . . . . . .   65 km.   854.000
Département d'Oran. . . . .   55 km.   569.000
Département de Constantine. . .   72 km.   649.000

     Totaux . . . .   192 km.   2.072.000

AMÉLIORATION DES ANCIENS CENTRES

Participation aux dépenses d'alimentation en eau potable, d'assainissement, de routes et ponts des anciens centres et des agglomérations urbaines 3,000,000 fr.

    Alger. . . . .   800.000 »
    Oran . . . .   1.000.000 »
    Constantine . . . .   1.200.000 »

      Total. . . .   3.000.000 »

---

(1) Sans dotation spéciale; à prendre sur l'ensemble des crédits.

RÉCAPITULATION

	ALGER	ORAN	CONSTANTINE	TOTAUX
Création de centres	3.100.200	3.211.000	2.238.845	8.550.045
Agrandissement de centres	»	»	306.000	306.000
Groupes de fermes	210.000	»	500.000	710.000
Travaux topographiques	80.800	124.400	157.300	362.500
Routes nouvelles	854.000	569.000	649.000	2.072 000
Amélioration des anciens centres . . .	800.000	1.000.000	1.200.000	3.000.000
Totaux	5.045.000	4.904.400	5.051.145	15.090.545

IV. — Eaux et Forêts

De même que pour la colonisation, les délégations ont adopté dans leur intégralité les propositions présentées par l'administration en vue de l'exécution des travaux intéressant le service des eaux et forêts sur les fonds du nouvel emprunt.

Le programme des ouvrages forestiers, est par suite ainsi arrêté :

A. — MAISONS FORESTIÈRES

Chefferie	Forêt ou localité	Nom de la maison	Nombre de logements	Prix
				Fr.

Conservation d'Alger

Chefferie	Forêt ou localité	Nom de la maison	Nombre de logements	Prix
Alger	Sidi-Hamouda	La Plâtrière	1	12.000
	Périm. de Blida	Hakou-Ferouane	1	18.000
Aumale	Souaghi	Aïn-Alleïg	2	25.300
	Sour-Djouab	Moullrane	1	11.700
	Ksars	Tiza	2	23.600
	Beni-Mansour	Tefraount	1	15.000
	Oued-Sahel	Agbalou	1	18.000
Téniet-el-Hâd	Bou-Madjebar	Tizi-Ali	2	25.000
	Harraouat	Bir-ben-Abbou	1	12.500
	Bou-Medien	Aïn-Ounen	1	10.300
	Oued-Lyra	Gros Pins nº 2	1	12.500
	Sioufs	Si-Youcef	1	12.500
	Bou-Medien	Meroudj	2	25.000
	Harraouat	Aïn-Hammama	1	12.500
	Cèdres	La Pépinière	2	22.000
	Bou-Medien	Kochaïb	1	11.000
Tizi-Ouzou	Bou-Djurdjura	Bou-Djurdjura	1	12.000
	Mouley-Yahia	Mouley-Yahia	1	10.000
	Sidi-Ali-bou-Nab	Sidi-Ali-bou-Nab	1	10.000
Médéa	Kef-Lakdar	Kef-Lakdar	1	17.000
	Oulad-Anteur	Daubiche	1	15.000
	Oued-Chaïr	Besbessi	1	15.000
	Beni-Hassein	Mouley-Gomer	1	11.500
Miliana	Bou-Mad	Tighaline	1	15.000
	Zaccar	Righas	1	12.000
	Beni-Habiba	Beni-Habiba	1	8.000
	Taouira	Guenini	1	8.000
	Doui	Zehar	1	7.500
	Berhoun	Berhoun	1	14.000
Orléansville	Souk-el-Hâd	Souk-el-Hâd	1	16.000
	Guelta	Aïn-ben-Teksa	1	16.000

MAISONS FORESTIÈRES (suite)

Chefferie	Forêt ou localité	Nom de la maison	Nombre de logements	Prix
				Fr.
Conservation d'Alger (suite)				
	Bissa.	Bissa.	1	10.000
	Ténès.	Tiflès	1	15.000
	Beni-bou-Hattab.	Aïn-Tidiouine. .	1	16.100
			39	495.000
Conservation d'Oran				
Tlemcen. . .	Djebel-Ouargla .	Djebel-Ouargla .	2	28.000
	Meurbah	Meurbah	2	24.000
Mostaganem.	Dunes de la Stidia	La Stidia. . . .	1	12.000
	Bou-Hani	Nekmaria. . . .	1	15.000
			6	79.000
Conservation de Constantine				
Philippeville.	Ouled-el-Hadj . .	Aïn-Kerma . . .	1	11.000
	Ouled-el-Hadj . .	Ksir-Noulter . .	1	17.000
	Oued-Saf-Saf . .	Oued-Saf-Saf . .	1	14.000
	El-Arrouch . . .	El-Arrouch . . .	2	22.000
Bougie . . .	M'Zala	M'Zala	1	12.000
	Beni-Slimane . .	Beni-Slimane . .	1	12.000
	Bou-Hattem. . .	Toudja	1	11.000
	Bou-Hattem. . .	Bou-Hattem. . .	1	11.000
Tarf.	Munier	Fedj-Dardara . .	2	23.000
La Calle. . .	Bougous	Aïn-Kebir. . . .	2	22.500
	Tarf	Chetaïba	2	20.000
Djidjelli. . .	Beni-Affer. . . .	Bordj-Chahna . .	2	32.000

MAISONS FORESTIÈRES (suite)

Chefferie	Forêt ou localité	Nom de la maison	Nombre de logements	Prix
				Fr.

Conservation de Constantine (suite)

Chefferie	Forêt ou localité	Nom de la maison	Nombre de logements	Prix
Batna. . . .	Aurès	Mekbert	2	25.000
	Djebel-Nouaceur.	Aïn-Aoulougi . .	3	24.000
Khenchela. .	Haracta.'	Aïn-Hadjar . . .	1	11.000
	Ouled-Yacoub. .	Khenchela . . .	1	10.000
	Haracta.	Aïn-Beïda . . .	1	10.000
Constantine .	Beni-Medjaleb. .	Aïn-M'Rassel . .	1	13.000
	Zouagha	Zeraïa	1	12.000
Bélezma . .	Metlili	Metlili	2	26.000
	Ouled-Soltan . .	Aïn-Tikerouel. .	1	15.000
Bordj - bou-	Ouennougha . .	Aïn-Nougue. . .	1	11.000
Arréridj. .	Dréat. ;	G. F. Laourane .	1	4.000
Souk-Ahras.	Sfahli	»	2	20.000
	Ouled-Béchia . .	Sidi-Abdallah . .	1	12.000
Sétif	Ouled-Hannech .	Aïn-Almou . . .	1	15.000
	Bou-Thaleb . .	Aïn-Squé. . . .	1	15.000
	Ouled-Khellouf .	Aïn-Brazl	1	15 000
			38	445.800

B. — CHEMINS

Chefferie	Forêt	Nombre de kilomètres	Prix
			Fr.

Conservation d'Alger

Chefferie	Forêt	Nombre de kilomètres	Prix
Alger	Beni-Messaoud	32	48.000
	Beni-Miscera	20	41.000
	Sidi-Hamouda	23	23.000
	Mouzaïa	86	88.000
	Keddara	3	2.000
	Périmètre de Blida	20	26.000
Aumale	Sour-Djouab	74	38.000
	El-Haïzer	88	47.000
	Souagui	30	20.000
	Mettenan	14	10.000
	Ksenna	42	32.000
	Azerous	24	21.000
	Beni-Mansour	36	36.000
	Bouïra	16	18.000
	Ksars	82	42.000
	Sebkha	42	28.000
	Oued-Sahel	42	30.000
	Aumale	24	19.000
	Oued-Okris	74	40.000
Téniet-el-Haâd	Bou-Madjebar	12	14.000
	Oued-Massine	21	7.000
	Aghbal	20	14.000
	Beni-Soumeur	14	17.000
	Cèdres	38	66.000
	Slouf	10	6.000
	Beni-Fathem	3	2.000
Tizi-Ouzou	Bou-Arbi	1	1.000
	Bouberak	10	10.000
	Bou-Djurdjura	21	16.000
	Larba	18	10.000
	Mizrana	32	20.000
	Amraoua	10	6.000

CHEMINS (suite)

Chefferie	Forêt	Nombre de kilomètres	Prix
			Fr.
	Conservation d'Alger (suite)		
	Bou-Mahni.	23	10.000
	Mouley-Yahia	7	4.000
	Beni-Khalfoun	38	21.000
	Tamedjout.	12	6.000
Médéa.	Rive gauche du Cheliff	316	180.000
	Rive droite du Cheliff.	118	122.000
Miliana	Oued-Kemis	36	17.000
	Doui	24	16.000
	Berhoun.	12	12.000
	Tizi-Franco	14	14.000
	Hamgouf	18	8.000
	Dadamimoun	1	1.000
	Oued-Chaïba	2	1.000
	Beni-Zoug-Zoug	28	10.000
	Affer	14	4.000
	Taourira.	5	2.000
	Beni-Habiba	8	14.000
	Bou Hamou	4	2.000
	Bou Harb	41	10.000
	Bou-Mad.	12	10.000
	Tarzout-Hassen.	6	4.000
	Zaccar.	10	10.000
Azazga	Beni-Djenad	6	4.000
	Takselt	12	10.000
	Beni-Ghobri	40	41.000
	Tamgout.	32	33.000
	Akfadou-Ouest.	28	23.000
	Tigrine	10	10.000
	Azouza	18	18.000
Téniet-el-Haâd	Matmata.	74	44.000
	Bou-Medien	34	28.000
	Harraouat.	17	0.000

CHEMINS (suite)

Chefferie	Forêt	Nombre de kilomètres	Prix
			Fr.
	Conservation d'Alger (suite)		
Orléansville	Oued-Lyra	62	21.000
	Beni-Méharez	9	8.000
	Lagh-Sly	4	2.000
	Beni-Rached	6	4.000
	Medjadja-Tegraga	5	1.000
	Tarzout	14	7.000
	Oued-Ras	20	8.000
	Guelta	22	11.000
	Oued-el-Kébir	28	16.000
	Tacheta	17	8.000
	Ouarsenis	33	14.000
	Bissa	10	7.000
	Ténès	16	11.000
	Ouled-Boufrid	2	1.000
	Beni-Lhassen	25	0.000
	El-Marsa	10	4.000
	Guergour	4	1.000
	Oued-Fodda	18	10.000
	Souk-el-Haâd	31	9.000
	Bou-Yelfen	18	7.000
	Karicha	8	2.000
	Temdrara	12	5.000
	Beni-bou-Attab	80	43.000
	Beni-Chaïb	14	7.000
	Bethaïa	14	6.000
	Beni-Boudouane	70	21.000
	Aïn-Lelou	22	8.000
	Bou-Salah	36	10.000
	Djebel-Sfla	9	4.000
	El-Décherat	44	10.000
	Djebel-Saadïa	1	1.000
		2.574	1.745.000

CHEMINS (suite)

Chefferie	Forêt	Nombre de kilomètres	Prix
			Fr.
Conservation d'Oran			
Oran	Mouley-Ismaël	6	10.000
	Planteurs	6	5.000
	M'Silah	3	4.000
Tlemcen. . .	Azaïl	35	21.000
	Zerdeb	10	3.000
	Tlemcen.	5	3.000
	Yfri.	6	5.000
	Tessera-M'Ramet.	6	3.000
	Sidi-Hamza	4	8.000
	Zariffet	1	600
Sidi - bel - Ab- bès. . . .	Baudens.	16	8.000
	Slissen	178	140.000
	Bou-Hedaïr	1	700
	Touazizine.	31	36.000
	Khamissi	1	444
	Oukar-Zeboudj.	17	8.000
	Bou-Yélas	110	48.000
	Eghtï	10	5.000
	Ténira.	28	17.000
	Louza.	10	4.000
	Moxi	6	3.000
Mostaganem.	Oued-Ardjem.	76	62.000
	Seddaoua	5	6.000
	El-Mellab	5	5.000
Mascara. . .	Mâalifs	4	2.000
	Djaffra-Cheraga.	8	7.000
	Fenouan.	7	5.000
	Tendfeld.	12	10.000
	Kalaa	4	4.000
	Oued-Fergoug	13	7.000
	Guétarnia	26	18.000
	Zelamta	62	30.000

CHEMINS (suite)

Conservation d'Oran (suite)

Chefferie	Forêt	Nombre de kilomètres	Prix
			Fr.
Tiaret	Djebel-Bouziri	16	7.000
	Aïoun-el-Béranis	24	13.000
	Djebel-Nador	4	2.000
	Stamboul	8	8.000
	Hassasna	77	55.000
	Doui-Thabet	14	13.000
	Ouled-ben-Allan	13	26.000
	Nador	37	32.000
	Sdamas-Rharbi	67	50.000
	Sdamas-Chergui	84	61.000
Télagh	Zégla	86	21.000
	Toumiet	8	9.000
	Kodida	8	3.000
	Beni-Mathar	23	7.000
	Takrouma	6	2.000
	Séfloun	21	7.000
	Zid-el-Moumen	17	4.000
	Kounteïda	8	2.000
		1.180	810.744

Conservation de Constantine

Chefferie	Forêt	Nombre de kilomètres	Prix
Philippeville	Ouled-Kassem	4	2.000
	M'Chatt	3	2.400
	Ouled-el-Hadj	54	30.000
	Bissy	18	13.000
	Sidi-Zerzour	23	11.000
	Ouled-Nouar	12	7.000
	Mellila	12	11.000
	Philippeville	8	1.800
	Medjadja	14	0.000
	Beni-Toufout	240	230.000

CHEMINS (suite)

Chefferie	Forêt	Nombre de kilomètres	Prix
			Fr.
	Conservation de Constantine (suite)		
	Oued-Guebli	38	40.000
	Gandoula	54	30.000
	Oued-Saf-Saf	60	44.000
	Ouled-el-Hadj	51	45.000
	Beni-Ouelbane	4	3.000
	Arbel-Goufi	4	3.000
	Bougaroni	14	22.000
	Ras-Boulès	14	9.000
Bougie	Beni-Melloul	14	13.000
	Beni-Immel	4	4.500
	Babor	12	14.000
	Akfadou-Est	80	22.000
	Taourirt-Ighil	70	87.000
	M'Zala	20	10.000
	Oued-Aghrioun	27	26.000
	Darguina	12	12.400
	Chabet-el-Akra	22	16.000
	Bou-Hatten	119	87.000
	Beni-Sliman	45	46.000
	Beni-Mimoun	34	37.600
Tarf	Merdès	18	14.000
	Djebel-Dyr	10	4.500
	Bou-Abed	16	9.400
	Blandan	21	12.000
	Toustain	20	8.500
	Braptia	3	780
	Cheffia	0	3.000
	Munier	22	8.000
Bône	La Mahouna	6	12.000
	Beni-Salah	90	172.000
	El-Aouara	22	19.000
	Munchar	10	8.000

CHEMINS (suite)

Chefferie	Forêt	Nombre de kilomètres	Prix
			Fr.
	Conservation de Constantine (suite)		
	Edough	67	72.000
La Calle	Khanguet-Aoun	6	6.200
	Tarf	79	77.000
	Néhed	33	31.000
	Bougous	14	11.000
	Souarakh	28	10.000
Djidjelli	Lalem	23	30.000
	Dar-el-Oued	22	26.000
	Littoral	4	4.000
	Beni-Idder	40	42.000
	Tamentout	4	3.490
	Guerrouch	20	35.000
	Djebel-Adendoun	16	23.000
	Ouled-Askeur	25	23.000
	Beni-Segoual	19	13.000
	Beni-Affer	16	18.000
	Oued-Djendjen	19	23.000
	Beni-Khettab	11	12.000
	Beni-Ahmed	8	7.000
	Beni-Amran	6	8.800
	Beni-Habibi	7	8.200
Batna	Oued-Fedhala	20	10.000
	Sgag	24	14.000
	Aurès	0	7.800
	Bou-Arif	65	41.000
	Ich-Ali	6	6.000
Khenchela	Ouled-Yacoub	13	80.000
	Beni-Oudjana	53	62.000
Constantine	Ouled-Abd-en-Noor	20	12.000
	Aïn-M'Lila	65	40.000

CHEMINS (suite)

Chefferie	Forêt	Nombre de kilomètres	Prix
			Fr.

Conservation de Constantine (suite)

Chefferie	Forêt	Nombre de kilomètres	Prix
Bélezma. . .	Metlili.	22	20.400
	Bélezma	90	70.000
Souk-Ahras .	Ksar-el-Attach . . . . :	5	2.500
	Nemencha	18	7.000
	Bou-Mezran	35	27.000
	Plateaux de Souk-Ahras.	4	1.612
	Ouled-Zeïd.	9	5.400
	Tébessa	17	9.000
	Sfahli	5	4.000
	Oued-Ganem.	12	9.000
	Ouled-Béchia.	39	27.000
	Fed-el-Ahmed	22	14.000
Sétif	Bou-Thaleb	30	21.000
		2.401	2.169.682

C. — TRANCHÉES

Chefferie	Forêt	Longueur	Surface	Prix (Fr.)
Conservation d'Alger				
Alger	Mouzaïa	13.750	27	3.950
	Beni-Messaoud	30.000	60	4.940
	Oued-Malah	5.545	15	1.663
Aumale	Mettenan	11.400	23	3.420
	Azerou	33.700	67	13.480
	Bouïra	20.370	41	8.148
	Sour-Djouab	6.600	13	2.640
	Ksenna	37.600	75	7.520
	Oued-Okris	13.000	26	2.600
	Aumale	11.300	23	4.520
	Oued-Sahel	25.650	51	7.830
	El-Haïzer	23.000	46	4.600
	Sebklia	49.800	100	9.960
	Ksars	84.000	168	25.200
	Beni-Mansour	5.800	12	1.160
Téniet-el-Haad	Aghbal	7.550	13	1.166
	Oued-Massine	13.238	66	10.887
	Beni-Fathem	1.050	5	1.312
	Siouf	12.100	17	5.250
	Bou-Médien	36.496	45	8.773
	Cèdres	1.400	3	840
	Matmatas	38.760	117	20.210
Médéa	Rive gauche Chélif	208.000	980	55.160
	Rive droite Chélif	77.000	385	31.570
Miliana	Beni-Habiba	6.800	20	1.146
Azazga	Akfadou-Ouest	7.900	13	2.582
	Tigrine	2.000	4	680
	Azouza	5.340	11	1.955
	Taksebt	1.800	2	468
	Beni-Ghobri	7.390	15	1.813
	Tamgout	1.000	2	340

TRANCHÉES (suite)

Chefferie	Forêts	Longueur	Surface	Prix
				Fr
	Conservation d'Alger (suite)			
Téniet-el-	Oued-Lyra	5.150	26	5.150
Haâd	Harraouat	1.125	6	1.125
Orléansville	Oued-Ras	4.500	13	2.700
	Guelta	1.800	5	1.080
	Oued-el-Kébir	15.390	43	10.797
	Ténès	1.000	3	600
	Tacheta	14.350	43	10.710
	Ouarsenis	31.510	32	6.442
	Bissa	22.560	41	10.205
	Beni-Lhassen	10 395	37	5.939
	El-Marsa	4.400	13	2.112
	Oued-Fodda	7.230	10	1.576
	Bethaïa	2.350	7	1.128
	Aïn-Lelou	0.850	30	5.120
	Bou-Salah	112.005	106	18.186
	Djebel-Sfia	99.850	28	4.085
	Beni-Boudouane	113.800	85	13.672
	Bou-Yelfen	11.020	25	3.028
	Beni-Chaïb	15.700	46	7.416
	Djebel-Saadin	15.795	15	3.636
	El-Déherat	43.385	49	9.830
	Karicha	10.460	12	2.183
	Temdrara	12.770	20	4.261
	Beni-bou-Attab	7.250	22	3.135
	Souk-el-Haâd	70.820	85	15.752
		1.444.713	3.256	416.220
	Conservation d'Oran			
Oran	M'Silah	2.500	12	3.750
Télagh	Zid-el-Moumen	13.100	30	2.751
	Séllouri	6.200	16	1.560
	Toumiet	31.200	94	11.232

TRANCHÉES (suite)

Chefferie	Forêts	Longueur	Surface	Prix
				Fr.

Conservation d'Oran (suite)

Chefferie	Forêts	Longueur	Surface	Prix
Sidi-bel-Abbès	Beni-Mathar	37.000	111	16.650
	Zégla	79.000	237	25.065
	Ténira	30.200	75	5.587
	Bou-Yétas	37.000	92	6.845
	Oukar-Zeboudj	8.000	20	1.480
	Baudens	50.800	127	9.398
	Louza	22.600	56	4.181
	Slissen	64.800	157	11.620
		382.400	1.036	100.110

Conservation de Constantine

Chefferie	Forêts	Longueur	Surface	Prix
Souk-Ahras	Souk-Ahras	15.770	20	1.971
	Djebel-Resgoum	26.554	33	3.310
	Fedj-Macta	23.360	29	2.920
	Bou-Mezran	19.797	49	5.152
	Fedj-el-Ahmed	23.481	60	5.995
	Oued-Ghanem	6.820	17	1.705
	Ouled-Béchia	20.200	34	3.180
Djidjelli	Beni-Habibi	9.510	48	4.104
	Beni-Affer	66.817	254	21.820
	Ouled-Asker	5.500	27	2.475
	Lalem	5.400	5	410
	Dar-el-Oued	18.380	37	2.874
	Littoral	8.389	42	3.355
	Beni-Idder	68.308	145	12.303
	Guerrouch	80.110	127	8.254
	Djebel-Adendoun	11.998	56	3.637
	Beni-Segoual	9.740	14	1.080

TRANCHÉES (suite)

Chefferie	Forêt	Longueur	Surface	Prix
				Fr.
	Conservation de Constantine (suite)			
La Calle . . .	Souarakh.	27.640	47	8.726
	Néhed	14.900	20	5.220
	Khanguet-Aoun.	6.340	19	2.344
	Bougous	24.560	25	6.754
	Souarakh.	4.000	10	2.400
	Khanguet-Aoun.	6.200	15	4.262
	Bougous	14.400	36	9.900
	Tarf	42.300	51	12.264
Bône	Beni-Salah	25.180	174	13.912
Le Tarf . . .	Braptia.	6.600	4	1.260
	Toustain	53.210	62	16.898
	La Cheflla.	4.000	4	1.200
	Blandan	9.835	25	7.004
	Merdès.	2.400	31	10.230
	Bou-Abed.	22.800	57	18.479
	Munier.	10.450	16	2.507
	Djebel-Dyr	5.200	13	1.444
Bougie . . .	Taourirt-Ighil.	33.150	117	42.545
	M'Zala	7.500	22	8.215
	Djebel-Gouraya.	3.250	10	3.560
	Darguina.	5.250	16	5.745
	Chabet-el-Akra	3.750	14	4.870
	Bou-Hattem.	19.800	59	21.680
	Beni-Sliman.	9.000	27	9.855
	Beni-Mimoun.	23.200	68	24.680
	Beni-Melloul	7.000	21	7.675
	Beni-Immel.	3.250	10	3.560
	Akfadou-Est.	4.500	13	4.630

TRANCHÉES (suite)

Chefferie	Prix	Longueur	Surface	Prix
				Fr.
	Conservation de Constantine (suite)			
Philippeville.	Beni-Toufout	245.494	336	21.368
	Oued-Guebli	28.784	20	1.310
	Oued-Cherka	780	1	60
	Bougaroni	7.040	12	870
	Arb-el-Goufi	3.020	8	321
	Bou-Bazil.	17.800	9	612
	Ouled-el-Hadj.	14.000	7	420
	Sidi-Moussa.	6.000	3	180
	Bissy.	7.880	6	380
	Melila	1.480	4	217
	Bissy.	3.770	2	113
	Philippeville	2.610	7	362
	Medjadja.	880	2	132
		1.128.617	2.406	373.633

D. — TRAVAUX DE REBOISEMENT

Chefferie	Forêt	Surface	Prix
			Fr.

Conservation d'Alger

Chefferie	Forêt	Surface	Prix
Alger. . . .	Périmètre de Blida	322	100.000
	Mouzaïa	250	5.000
	Beni-Messaoud	110	2.000
	Beni-Miscera.	100	2.000
Tizi-Ouzou. .	Bou-Djurdjura	200	20.000
	Périmètre des Gorges de Palestro. .	300	50.000
	Périmètre du Djurdjura	1.200	80.000
	Amraoua et Gorges du Sebaou. . .	90	10.000
	Tamédjout.	150	10.000
	Bouberak	60	6.000
Miliana . . .	Périmètre de Bou-Mad	400	30.000
	Beni-Habiba	80	3.000
	Dadamimoun.	40	2.000
Orléansville .	Orléansville	525	50.000
	Medjadja-Tegragra	180	30.000
		4.007	400.000

Conservation d'Oran

Chefferie	Forêt	Surface	Prix
Oran	Les Planteurs.	130	20.000
	M'Silah	250	20.000
	Moulay-Ismaël	5.000	100.000
	Propriété Mouflet.	500	80.000
Mostaganem	Bou-Rhama.	2.203	100.000
	Aghboub.	000	20.000
	Dunes de Bouachéria	425	80.000
	Dunes des Ouled Sidi-Larbi. . . .	236	40.000
		9.734	460.000

TRAVAUX DE REBOISEMENT (suite)

Chefferie	Forêt	Surface	Prix
			Fr.
	Conservation de Constantine		
Philippeville.	Skikda.	7	4.200
	Philippeville	180	10.800
	Gandoula.	40	2.400
	Bou-Bazil.	400	40.000
Souk-Ahras.	Fedj-el-Ahmed	50	5.000
	Ouled-Sidi-Abid	100	8.000
	Repeuplement des forêts de chênes-liège de la conservation	»	200.000
		777	270.400

E. — TRAVAUX DE MISE EN VALEUR

Chefferie	Forêts	Nombre de chênes-liège à démascler	Prix
			Fr.
Conservation d'Alger			
Alger	Keddara	18.000	1.800
Téniet-el-Haâd	Aghbal	1.200	269
Miliana	Beni-Habiba	1.000	100
	Bou-Hamou	350	35
	Taourira	30	3
Azazga	Oumalou	18.000	1.080
		38.580	3.287
Conservation de Constantine			
Djidjelli	Beni-Khettab	56.000	6.720
	Sedjermah	20.000	2.400
	Beni-Segoual	3.500	525
	Guerrouch	2.250	270
	Djebel-Adendoun	30.000	3.000
	Ouled-Asker	12.000	1.440
	Beni-Idder	3.000	360
Philippeville	Ouled-el-Hadj	100.000	12.000
Bône	Beni-Salah	1.200.000	120.000
Le Tarf	Blandan	60.000	7.500
	Bou-Abed	100.000	13.400
	Braptia	30.000	3.750
	Cheffia	22.000	2.500
	Djebel-Dyr	1.800	2.160
	Merdès	35.000	4.550
	Munier	1.800	2.160
	Toustain	10.000	1.370
La Calle	Souarakh	125.000	12.500
	Néhed	15.000	1.500
	La Calle	100	10
	Khanguet-Aoun	35.000	3.500
	Bougous	40.000	4.000
	Gourrah	18.000	1.800
	Le Tarf	220.000	24.000
		2.140.450	231.418

RÉCAPITULATION

	Alger	Oran	Constantine	Total
Maisons forestières (83 logements)..	495.000	70.000	415.500	1.019.500
Chemins (6.164 km)......	1.745.000	810.744	2.169.682	4.725.426
Tranchées (6.698 hect.)..	416.220	100.110	373.633	889.972
Reboisements (14.518 hect.)...	400.000	460.000	270.400	1.130.400
Mises en valeur (2.180.000 arbres).	3.287	»	231.415	234.702
Totaux.....	3.059.507	1.449.863	3.490.630	8.000.000

V. — Assistance publique

Une seule addition a été faite par les délégations financières aux propositions que le gouvernement général leur avait soumises en vue de l'affectation d'une partie des fonds du nouvel emprunt aux établissements hospitaliers. Elle a pour objet l'amélioration de l'hôpital d'Oran par :

1° La construction d'un nouveau pavillon de 18 lits et l'agrandissement de l'un des pavillons existants. 100.000

2° L'annexion à la buanderie prévue au projet primitif de l'administration d'un séchoir et d'une matelasserie. 45.000

Et 3° L'acquisition d'une bande de terrain contiguë au mur d'enceinte de l'hôpital et nécessaire à son dégagement. 100.000

Total. 245.000

Avec cette dépense complémentaire, le programme des travaux intéressant l'assistance hospitalière à exécuter sur les fonds d'emprunt, atteint 2,725,241 francs et se décompose conformément aux indications du tableau ci-après :

NATURE DES TRAVAUX	Montant de la dépense prévue			TOTAL
	Département d'Alger	Département d'Oran	Département de Constantine	
Hôpital de Mustapha	703.341	»	»	703.341
— de Douéra.	266.400	»	»	266.400
— de Ménerville.	32.500	»	»	32.500
— de Marengo.	67.000	»	»	67.000
— d'Oran	»	625.000	»	625.000
— de Saint-Denis-du-Sig . .	»	9.000	»	9.000
— d'Aïn-Témouchent. . . .	»	260.000	»	260.000
— de Relizane	»	30.000	»	30.000
— de Constantine	»	»	287.500	287.500
— de Bône.	»	»	61.500	61.500
— de Bougie.	»	»	70.000	70.000
— de Philippeville	»	»	82.000	82.000
Hospice d'El-Arrouch	»	»	100.000	100.000
Hôpital de Souk-Ahras	»	»	31.000	31.000
— d'Akbou.	»	»	10.000	10.000
Totaux.	1.159.241	924.000	642.000	2.725.241

VI. — Postes, Télégraphes et Téléphones

Le programme relatif au service des postes, télégraphes et téléphones est resté fixé, suivant les propositions du gouvernement général, à la somme de 1,920,000 francs, destinée aux travaux suivants dont l'objet a été indiqué dans la brochure primitive de l'administration :

Hôtels.des postes d'Oran	120.000 fr.
— d'Alger. . . .	786.400
Pour le câble Marseille-Philippeville	850.000
Pour le circuit téléphonique . .	163.600
Total.	1.920.000 fr.

Par département, l'ensemble du programme du nouvel emprunt se résume ainsi :

Nature des travaux	Département d'Alger	Département d'Oran	Département de Constantine	TOTAL	Observations
Chemins de fer...................	29.834.200	23.374.000	43.540.000	96.748.200	
Travaux publics { Routes et chemins......	11.622.000	9.827.000	10.820.860	32.269.860	
Travaux maritimes.....	5.860.600	5.254.000	4.967.000	16.081.600	
Travaux hydrauliques..	365.014	962.770	926.770	2.254.554	
Colonisation...................	5.045.000	4.904.400	5.051.145	15.000 545	
Eaux et forêts...................	3 059.507	1.449.863	3.490.630	8.000.000	
Assistance publique..............	1.159.241	924.000	642.000	2.725.241	
Postes, télégraphes et téléphones...	786.400	120.000	1.013.600	1.920.000	
Totaux..............	57.731.962	46.816.033	70.452.005	175.000.000	

Gage de l'emprunt

L'emprunt de 150 millions, tel qu'il résultait des projets de l'administration, remboursable en 60 ans, au taux de 4 0/0, amortissement compris, comportait une annuité de 6 millions de francs et nécessitait, au titre des travaux d'entretien, une augmentation globale de crédits de 1,879,485 francs; au total et en chiffres ronds, c'était une somme de 8 millions qu'il fallait trouver dans le temps que l'on mettrait à réaliser la totalité des 150 millions à demander au crédit.

On a vu comment les délégations ont élargi le programme des travaux à exécuter sur les fonds d'emprunt et porté le montant de cet emprunt de 150 à 175 millions.

En admettant toujours le taux de 4 0/0, amortissement compris, le montant des annuités se trouve ainsi augmenté d'une somme de 1 million.

L'entretien des travaux ajoutés au programme de l'administration ne donne lieu à aucune charge nouvelle. Ces travaux se rapportent, en effet, à la construction de lignes de chemins de fer, au pavage et à la création de routes. Or, pour les chemins de fer, les dépenses d'entretien rentrent, on le sait, dans les frais d'exploitation. En ce qui touche les routes, il y a lieu de distinguer entre les pavages et les créations : les pavages, une fois établis, diminuent, d'une part, l'entretien annuel, et il est entendu, d'autre part, que toutes les routes ajoutées au programme de l'administration seront entreprises après seulement que les conseils généraux ou les communes intéressés auront procédé à leur classement parmi le réseau départemental ou communal et pris l'engagement d'en assurer l'entretien.

C'est donc, en réunissant à l'annuité les frais d'entretien, une charge de 9 millions environ que le budget doit assumer du fait de l'emprunt, tel qu'il a été voté par les délégations financières.

L'administration a indiqué dans son programme (page 24) la répartition approximative, entre les exercices à venir, de l'utilisation des fonds du nouvel emprunt. L'augmentation de 25 millions n'est pas de nature à modifier sensiblement la période de 10 années prévue pour l'utilisation de ces ressources extraordinaires. On retiendra seulement que le délai de 9 années dans lequel l'annuité nouvelle de 7 millions devra être assurée (page 27 du programme) constitue un minimum.

Le gouvernement général et les délégations ont été absolument d'accord pour reconnaître que la colonie pourra, sans peine aucune, supporter l'effort financier qui lui est demandé de ce chef. Les études qui ont été faites par l'administration et les commissions des finances et de l'emprunt ne laissent aucun doute à cet égard (1).

Dans son programme (pages 31 à 43), le gouvernement général a expliqué comment avec les ressources du budget ordinaire on arriverait à gager le nouvel emprunt. Il paraît utile de reprendre ici cette démonstration.

Une disponibilité de deux millions existe dès maintenant au budget, prête à gager une première portion de l'emprunt. Affectée dans le budget de 1908 à des dépenses non renouvelables, elle se retrouvera toute entière en 1909. Le budget devra fournir, en dehors de ces deux millions, 7 millions entre 1909 et 1917.

Afin d'établir que la colonie possède les facultés financières nécessaires pour faire face pendant la période indiquée à la charge nouvelle qui incombe à son budget, l'administration a étudié la nature des augmentations de crédits constatées d'une année à l'autre dans les budgets de 1901 a 1908.

____

(1) Programme, pages 31 à 43.

Commission de l'emprunt, 9° séance, pages 81 à 88. — Rapport général (M. de Solliers), § 3, pages 137 à 145. — Rapport général de la commission des finances (M. Vérola), pages 6 à 16, 42 à 48.

Assemblée plénière, discussion générale de l'emprunt, 6° et 7° séances.

Ces augmentations s'élèvent dans leur ensemble à environ 15,405,000 francs — défalcation faite des crédits des chemins de fer gagés par des recettes correspondantes — se répartissant ainsi qu'il suit entre les divers exercices :

Augmentation de 1902 sur	1901. . .		1.128.000 (1)
—	1903	1902. . .	1.021.000
—	1904	1903. . .	870.000
—	1905	1904. . .	2.350.000
—	1906	1905. . .	2.674.000
—	1907	1906. . .	5.273.000
—	1908	1907. . .	2.089.000
Ensemble.			15.405.000

Ce chiffre global d'augmentation se décompose de la manière suivante :

Il y a lieu de mettre à part, tout d'abord, les deux millions représentant la disponibilité réservée pour gager en partie le nouvel emprunt. Ces deux millions, inscrits dans le budget de 1908 avec des affectations provisoires, ne peuvent être considérés, à proprement parler, comme des augmentations de dépenses.

On distinguera, en second lieu, les 1,693,900 francs représentant la plus grande partie de l'annuité du premier emprunt qu'il a été possible d'inscrire au budget sans opérer de prélèvement sur les crédits des travaux comme on l'avait prévu tout d'abord.

Restent les augmentations des dotations des divers

---

(1) En réalité le budget de 1902 présente, au point de vue des crédits, une diminution de 853,000 francs par rapport à celui de 1901 ; mais ce dernier budget contenait pour études et travaux de chemins de fer un crédit de 1,991,000 francs qui n'a pas été employé. Ce crédit a été ramené à 10,000 francs au budget suivant et la différence entre les 1,981,000 francs restants et la diminution de 853,000 francs indiquée plus haut doit bien être considérée comme une augmentation.

services. Il y a lieu de remarquer que ces augmentations ne correspondent pas seulement au développement normal des services : une large part s'applique à des accroissements exceptionnels de dépenses dus à la réalisation de programmes bien définis quant à leur coût et à l'époque de leur achèvement.

Le tableau ci-après donne le détail de ces derniers accroissements :

Désignation des services	1901	1902	1903	1904	1905	1906	1907	1908	1909	1910	1911	1912	1913	1914	1915	1916	1917	Observations
1° Programme de l'instruction publique :																		
Relèvement des traitements	»	»	»	40.400	»	213.955	343.275	281.225	»	»	»	»	»	»	»	»	»	
Créations et consolidations pour le programme de l'arriéré et des réalisations	»	»	»	95.720	160.475	161.062	173.437	187.500	150.000	»	»	»	»	»	»	»	»	
Enseignement primaire supérieur	»	»	»	»	»	»	18.400	94.062	94.062	94.062	94.062	75.250	»	»	»	»	»	
Suppression de l'enseignement congréganiste	»	»	»	»	»	»	»	»	21.000	105.000	105.000	105.000	103.000	84.000	»	»	»	
Total	»	»	»	136.120	160.475	378.017	525.112	562.787	265.062	199.062	199.062	180.250	103.000	84.000	»	»	»	
(accolade)						1.768.511					1.035.436							
2° Programme de l'administration des postes	»	»	»	458.200	537.738	520.796	1033.886	734.245 (1)	»	»	»	»	»	»	»	»	»	
(accolade)						3.293.955												
3° Amélioration de situation et accroissements divers :																		
Douanes	»	»	»	71.000	80.530	»	171.882	»	»	»	»	»	»	»	»	»	»	
Enregistrement	»	»	»	»	»	25.000	25.000	»	»	»	»	»	»	»	»	»	»	
Eaux et forêts	»	»	»	»	»	»	195.000	»	»	»	»	»	»	»	»	»	»	
Fonctionnement de l'école coloniale d'agriculture	»	»	»	»	»	80.000	»	»	»	»	»	»	»	»	»	»	»	
Frais de récolte des lièges de reproduction	»	»	»	»	»	100.000	100.000	»	»	»	»	»	»	»	»	»	»	
Total	»	»	»	71.000	80.530	205.000	491.882	»	»	»	»	»	»	»	»	»	»	
(accolade)						818.412												

(1) Dans cette augmentation n'est pas comprise une somme de 982,500 fr. prélevée sur les crédits réservés pour l'annuité de l'emprunt et qui a été affectée pour l'exercice 1908 seulement au budget des postes et télégraphes.

Il ressort de ce tableau que de 1901 à 1908 on a affecté au programme de l'amélioration de l'instruction publique. 1.768.511
à celui des postes 3.293.955
à des améliorations diverses. 848.412

Ensemble. 5.910.878

Le tableau indique en outre que parmi ces diverses causes d'accroissement exceptionnel des dépenses, une seule, le programme de l'instruction publique, portera encore effet au delà du budget de 1908. Ce programme ne s'achèvera qu'en 1914 et exigera de 1909 à 1914 un accroissement de dépenses global. de 1,032,436 francs. On reviendra plus loin sur ce point.

Distraction faite de ces différents éléments il ne reste sur les 15,405,000 francs d'accroissement de dépenses accusés ci-dessus que près de six millions représentant les augmentations de crédits afférentes au développement normal des services.

Le tableau ci-après permet de se rendre compte de la distiction ainsi établie entre les augmentations normales et celles tenant à la réalisation du programme d'amélioration pour les services dont il a été parlé plus haut :

DÉSIGNATION des services	Accroissement de :													OBSERVATIONS
	1902 sur 1901		1903 sur 1902		1904 sur 1903		1905 sur 1904		1906 sur 1905		1907 sur 1906		1908 sur 1907		
	normal	exceptionnel	normal	exceptionnel	normal	exceptionnel	normal	exceptionnel	normal	exceptionnel	normal	exceptionnel	normal	exceptionnel	
Instruction publique........	192.000	»	106.000	»	204.880	136 120	179.525	166.475	125.983	378.017	327.688	525.112	176.913	262.787	
Postes, télégraphes et téléphones....	91.000	»	77.000	»	69.710	458.290	69 262	537.738	70.204	529.796	69 114	1433.886	43.245	734.245 [1]	(1) Voir note 1 du tableau précédent.
Services financiers...........	»	»	»	»	67.000	71.000	11.470	80.530	131.000	25.000	535.118 [2]	196.882	»	»	(2) Frais de perception de l'impôt des tabacs.
Forêts...................	»	»	»	»	83.000	»	»	»	88.000	100.000	»	295.000	220.000	»	
Agriculture...............	»	»	»	»	»	»	26.824	»	68 040	80.000	71.000	»	96 000	»	

En résumé, de 1901 à 1908, le budget a pu faire face à la fois aux besoins dérivant du développement normal des services et à l'effort exceptionnel que demandaient et le gage du premier emprunt et la réalisation du programme d'amélioration décidé par les assemblées algériennes. Cet effort se chiffre comme on l'a vu par 7,604,000 francs, (5,911,000+1,693,000 francs) ; si l'on y ajoute la disponibilité de 2 millions réservée pour le nouvel emprunt, c'est en tout une somme de 9,604,000 francs que les recettes budgétaires ont pu fournir en sus des augmentations ordinaires de dépenses.

Or d'après ce qui a été dit plus haut, le gage du nouvel emprunt (en sus des deux millions déjà disponibles) et les frais d'entretien des nouveaux travaux, imposeront au budget dans la période de 1909 à 1917 un supplément de charges de sept millions. D'un autre côté on a vu que l'achèvement du programme de l'instruction publique demandera encore dans cet intervalle une somme de 1,032,000 francs. Cela fait en tout environ 8 millons à trouver dans l'accroissement des ressources actuelles du budget. On ne saurait douter que ce résultat pourra être obtenu en neuf ans alors que dans les sept années précédentes on a pu réaliser un effort supérieur.

Il n'y a pas de raison, en effet, de supposer que la progression normale des dépenses pendant ces neuf années doive dépasser celle de la période antérieure. Serait-elle du reste un peu supérieure, qu'il existe une marge suffisante pour éloigner toute crainte de mécompte à cet égard. En ce qui concerne particulièrement le service des pensions civiles, où les dépenses annuelles peuvent être calculées à l'avance, on constate, d'après le tableau ci-dessous, que l'accroissement de charges de 1909 à 1917 s'élève à 474,305 francs contre 276,400 pendant la période précédente. La différence en plus est relativement si faible qu'elle en devient presque insignifiante.

Désignation des services	1901	1902	1903	1904	1905	1906	1907	1908	1909	1910	1911	1912	1913	1914	1915	1916	1917	Observations
1° Pensions civiles des agents co'oniaux qui ne sont pas tributaires de la caisse des retraites .	4.000	4.000	7.000	»	1.000	30.000	31.000	23.000	7.563	25.530	28.312	31.111	33.939	36.765	39.620	42.492	45.382	
2° Dotation de la caisse des retraites . .	»	»	»	»	»	»	176.000	400	400	400	400	89.400	600	600	600	600	90.600	
Total.	4.000	4.000	7.000	»	1.000	30.000	207.000	23.400	7.963	25.930	28.712	120.511	34.530	37.365	40.220	43.092	135.982	

276.400 dont le 1/8 est 34.550   474.305 dont le 1/9 est 52.500

Le raisonnement qui précède suppose que la progression des recettes budgétaires se maintiendra dans l'avenir telle qu'elle a été dans la période précédente.

Rien ne permet de croire qu'il doive en être autrement : parmi les années envisagées il s'en est trouvé, en effet, un nombre à peu près égal de prospères et de moins bonnes et la moyenne de leur ensemble doit être considérée comme normale (1).

Lors de l'examen du projet d'emprunt aux délégations financières, le rapporteur général M. Vérola, par un procédé différent de celui de l'administration, et basé sur les données les plus précises, a démontré que l'accroissement moyen des recettes d'une année à l'autre était d'environ deux millions et celui des dépenses devant assurer la marche normale des services de un million au maximum, d'où une disponibilité annuelle de un million applicable au gage de l'emprunt (2), soit avec les deux millions en réserve, onze millions en 1917 alors que la réalisation de l'emprunt n'en exige que neuf.

Ainsi les deux méthodes suivies donnent des résultats analogues; elles prouvent que la colonie peut facilement, avec ses sources actuelles de revenus, assurer le gage d'un emprunt de 175 millions.

---

(1) On rappellera que pendant la période 1901-1903 les recettes ont été affectées : en diminution, par la détaxe des sucres et l'abaissement du prix du timbre et en augmentation, par le rehaussement des droits sur l'alcool et la création de l'impôt sur les tabacs. Cette substitution d'impôts n'est pas de nature à modifier, d'une manière appréciable, la loi de progression des recettes.

(2) Rapport général (M. Vérola), pages 6 à 16, 42 à 48.

TABLE DES MATIÈRES